知识就在得到

我能做教师吗

闫存林 华应龙 叶德元 罗滨 口述

吕志超——编著

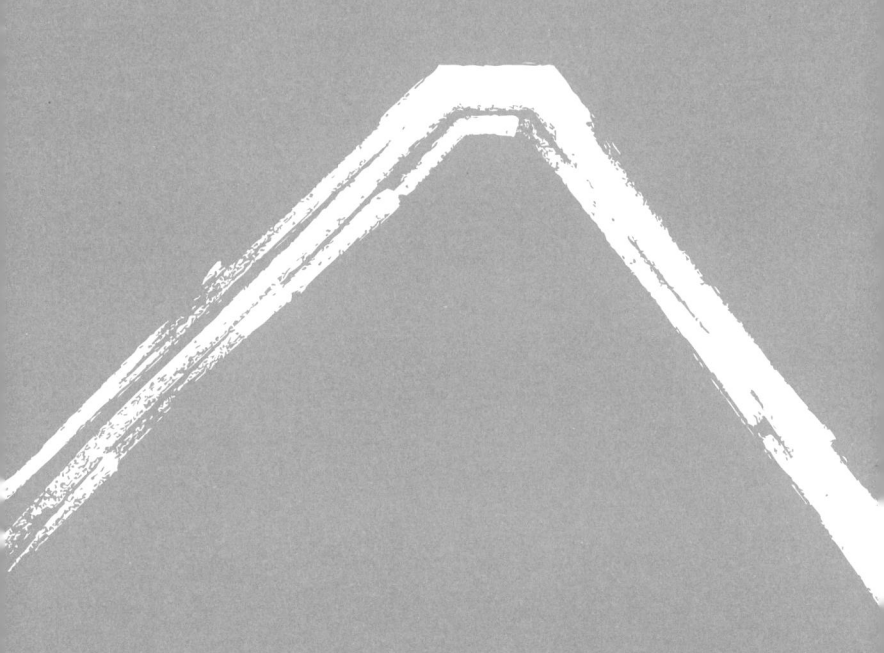

新星出版社 NEW STAR PRESS

总序

怎样选择一个适合自己的职业？这个问题困扰着一代又一代中国人——一个成长在今天的年轻人，站在职业选择的关口，他内心的迷茫并不比二十年前的年轻人少。

虽然各类信息垂手可得，但绝大部分人所能获取的靠谱参考，所能求助的有效人脉，所能想象的未来图景……都不足以支撑他们做出一个高质量的职业决策。很多人稀里糊涂选择了未来要从事大半辈子的职业，即使后来发现"不匹配""不来电"，也浑浑噩噩许多年，蹉跎了大好年华。

我们策划这套"前途丛书"，就是希望能为解决这一问题做出一点努力，为当代年轻人的职业选择、职业规划提供一些指引。

如果你是一名大学生，一名职场新人，一名初、高中生家长，或者是想换条赛道的职场人，那么这套书就是专门为你而写的。

在策划这套书时，我们心中想的，是你正在面临的各种挑战，比如：

你是一名大学生：

· 你花了十几年甚至更久的时间成为一名好学生，毕业的前一年突然被告知：去找你的第一份工作吧——可怕的是，这件事从来没人教过你。你孤身一人站在有无数分岔路的路口，不知所措……

· 你询问身边人的建议，他们说，事业单位最稳定，没编制的工作别考虑；他们说，计算机行业最火热，赚钱多；他们说，当老师好，工作体面、有寒暑假；他们说，我们也不懂，你自己看着办……

· 你有一个感兴趣的职业，但对它的想象全部来自看过的影视剧，以及别人的只言片语。你看过这个职业的高光时刻，但你不确定，在层层滤镜之下，这个职业的真实面貌是什么，高光背后的代价又有哪些……

你是一名职场新人：

· 你选了一个自己喜欢的职业，但父母不理解，甚至不同意你的选择，你没把握说服他们……

· 入职第一天，你眼前的一切都是新的，陌生的公司、陌生的同事、陌生的工位，你既兴奋又紧张，一边想赶紧上手做点什么，一边又生怕自己出错。你有一肚子的问题，不知道问谁……

你是一名学生家长：

·你只关注孩子的学业成绩，仿佛上个好大学就是终身归宿，但是关乎他终身成就的职业，你却很少考虑……

·孩子突然对你说，"我将来想当一名心理咨询师"，你一时慌了神，此前对这个职业毫无了解，不知道该怎么办……

·你深知职业选择是孩子一辈子的大事，很想帮帮他，但无奈自己视野有限、能力有限，不知从何处入手……

你是一名想换赛道的职场人：

·你对现在的职业不太满意，可不知道该换到哪条赛道，也不清楚哪些职业有更多机会……

·你年岁渐长，眼看着奔三奔四，身边的同学、朋友一个个事业有成，你担心如果现在换赛道，是不是一切要从头再来……

·你下定决心要转行，但不确定自己究竟适不适合那个职业，现有的能力、资源、人脉能不能顺利迁移，每天都焦灼不已……

我们知道，你所有关于职业问题的焦虑，其实都来自一件事：**不知道做出选择以后，会发生什么。**

为了解决这个问题，"前途丛书"想到了一套具体而系统的解决方案：一本书聚焦一个职业，邀请这个职业的顶尖高手，从入门到进阶，从新手到高手，手把手带你把主要的职业逐个预演一遍。

通过这种"预演"，你会看到各个职业的高光时刻以及真实面貌，判断自己对哪个职业真正感兴趣、有热情；你会看到各个职业不为人知的辛苦，先评估自己的"承受指数"，再确定要不要选；你会了解哪些职业更容易被 AI 替代，哪些职业则几乎不存在这样的可能；你会掌握来自一线的专业信息，方便拿一本书说服自己的父母，或者劝自己的孩子好好考虑；你会收到来自高手的真诚建议，有他们指路，你就知道该朝哪些方向努力。

总之，读完这套"前途丛书"，你对职业选择、职业规划的不安全感、不确定感会大大降低。

"前途丛书"的书名，《我能做律师吗》《我能做心理咨询师吗》……其实是你心里的一个个疑问。等你读完这套书，我们希望你能找到自己的答案。

除了有职业选择、职业规划需求的人，如果你对各个职业充满好奇,这套书也非常适合你。

通过这套书,你可以更了解身边的人,如果你的客户来自各行各业,这套书可以帮助你快速进入他们的话语体系,让客户觉得你既懂行又用心。如果你想寻求更多创新、跨界的机会,这套书也将为你提供参考。比如你专注于人工智能领域,了解了医生这个职业,就更有可能在医学人工智能领域做出成绩。

你可能会问:把各个职业预演一遍,需不需要花很长时间?

答案是:不需要。

就像到北京旅游,你可以花几周时间游玩,也可以只花一天时间,走遍所有核心景点——只要你找到一条又快又好的精品路线即可。

"前途丛书"为你提供的,就是类似这样的精品路线——**只需三小时,预演一个职业。**

对每个职业的介绍,我们基本都分成了六章。

第一章:行业地图。带你俯瞰这个职业有什么特点,从业人员有什么特质,薪酬待遇怎么样,潜在风险有哪些,职业前景如何,等等。

第二至四章：新手上路、进阶通道、高手修养。带你预演完整的职业进阶之路。在一个职业里，每往上走一段，你的境界会不同，遇到的挑战也不同。

第五章：行业大神。带你领略行业顶端的风景，看看这个职业干得最好的那些人是什么样的。

第六章：行业清单。带你了解这个职业的前世今生、圈内术语和黑话、头部机构，以及推荐资料。

这条精品路线有什么特色呢？

首先，高手坐镇。这套书的内容来自各行各业的高手。他们不仅是过来人，而且是过来人里的顶尖选手。通常来说，我们要在自己身边找齐这样的人是很难的。得到图书依托得到 App 平台和背后几千万的用户，发挥善于连接的优势，找到了他们，让他们直接来带你预演。我们预想的效果是，走完这条路线，你就能获得向这个行业的顶尖高手请教一个下午可能达成的认知水平。

其次，一线智慧。在编辑方式上，我们不是找行业高手约稿，然后等上几年再来出书，而是编辑部约采访，行业高手提供认知，由我们的同事自己来写作。原因很简单：过去，写一个行业的书，它的水平是被这个行业里愿意写书的人的水平约束着的。你懂的，真正的行业高手，未必有时间、有能力、有意愿写作。既然如此,我们把写作的活儿包下来,而行业高手只需要负责坦诚交流就可以了。我们运用得到公司这些年形成的知识萃取手艺,通过采访,把各位高手摸爬滚打多年积累的一线经验、智慧、心法都挖掘出来,原原本本写进了这套书里。

最后,导游相伴。在预演路上,除了行业高手引领外,我们还派了一名导游来陪伴你。在书中,你会看到很多篇短小精悍的文章,文章之间穿插着的彩色字,是编著者,也就是你的导游,专门加入的文字——在你觉得疑惑的地方为你指路,在你略感疲惫的地方提醒你休息,在你可能错失重点的地方提示你注意……总之,我们会和行业高手一起陪着你,完成这一场场职业预演。

我们常常说,选择比努力还要重要。尤其在择业这件事情上,一个选择,将直接影响你或你的孩子成年后 20%～60% 时间里的生命质量。

这样的关键决策,是不是值得你更认真地对待、更审慎地评估?如果你的答案是肯定的,那就来读这套"前途丛书"吧。

丛书总策划　白丽丽
2023 年 2 月 10 日于北京

目录 CONTENTS

00 序　言

01 行业地图

10　适合当教师的人有什么特质
14　教师的幸福感来自哪里
18　教师是一份清闲、稳定的工作吗
23　教师的收入有多少
26　年年教同样的东西，教师会感觉倦怠吗
30　教师这个职业的未来发展前景如何

02 新手上路

入行前的准备
39　想当教师，要怎样填报高考志愿
47　想当教师，要不要考编制
51　想当教师，要怎样准备简历、笔试、面试

正式走上工作岗位

- 56　刚入职的年轻教师要注意什么
- 62　如何快速和学生建立起良好关系
- 68　怎样为学生上好开学第一课
- 77　怎样备课才能备得充分
- 92　怎样为学生上好一节课
- 111　如何保证课堂纪律
- 115　如何面对课堂上发生的冲突
- 119　怎样提升教学水平
- 128　怎样帮学生巩固学过的知识
- 132　怎样做好班主任
- 138　教书之外，教师要怎样育人
- 146　如何做好家校沟通
- 158　如何平衡教学工作与其他事务

03
迎接教改

- 167　深度学习是一种怎样的教学模式
- 175　如何制订学习目标
- 183　如何设置学习任务
- 197　如何保证学生完成学习
- 207　教改之后，教师应该如何上课

212　如何启发学生独立思考
216　如何科学评价学生

04
高手修养

223　做出什么样的成绩才算高手
237　高手怎样组织课外活动
241　高手怎样帮助新人成长
243　参与大考命题时应注意什么

05
行业大神

247　陶行知：生活即教育
250　苏霍姆林斯基：培养全面和谐发展的人
252　李希贵：尊重每个学生的个性

06
行业清单

257 行业大事记
261 行业术语
263 推荐资料

267 后记

序言

刘慈欣在科幻小说《乡村教师》中讲了这样一个故事：一群拥有更高等文明的外星人入侵地球。他们发现，人类这种"低等生物"无法通过记忆遗传把知识传递给下一代。在他们看来，如果两代人之间无法通过记忆遗传的方式进行知识的积累和传递，就不可能产生文明的进化。

然而，地球上发达的人类文明却令他们吃惊不已，因为地球上有一类个体，分布于人类种群的各个角落，以声音这种比较原始的方式传递知识，充当两代生命体之间知识传递的媒介。这类个体的名字叫"教师"。

"师者，所以传道受业解惑也。"教师是世界上最古老的职业之一，它对整个人类文明的发展具有重要的推动作用。世界上很多伟大的哲学家、思想家，如苏格拉底、柏拉图、孔子等，都有一个非常重要的身份——教师。他们孜孜不倦地教授学生，使伟大的思想得以延续。孔子弟子三千，他秉持

我能做教师吗

有教无类、因材施教的教育理念，使儒家思想得以流传至今；苏格拉底与其弟子柏拉图、再传弟子亚里士多德并称"希腊三贤"，他们通过广收学生、启迪智慧，使西方哲学思想得以传承。

直到今天，教师在为社会培养人才方面都起着无可取代的作用。北京十一学校曾对大量成功人士做过一项跟踪研究，结果表明，大凡"飞得高、走得远"的人，在中小学阶段必有一位影响他成长的老师。这就意味着，教师在人格和精神方面对学生的影响，远比传授具体的知识重要得多。现在，教师不应再把自己定义为一个"教书匠"，而应该定义为一个"教育者"。

以上所说的，是教师作为社会有机体的一部分的意义。对于个人来说，教师这个职业意味着什么呢？

这并不是一个轻松的职业，你可能每天都需要花费十几个小时在工作上。

这是一个无法让你变得富有的职业，和很多行业相比，这是一个"清水衙门"，选择这个职业，意味着从此和巨额财富无缘。

这是一个与孩子打交道的职业，与涉世未深的孩子们相处，你需要有充足的耐心和责任感。

序言

这又是一个充满幸福感的职业,这种幸福感并不是来自外在的功名利禄,而来自你看到孩子成长时发自内心的喜悦。

成为一名教师后,你会遇到形形色色的学生,有万里挑一的天才少年,有看似冥顽不灵的"问题学生";有勤奋好学的听话孩子,有特立独行的叛逆少年……从他们身上,你可以看到社会的未来与希望,也能够体会到自己肩负的责任。

在"前途丛书"的众多职业里,我对教师这个职业格外感兴趣,因为我曾经就拥有过一位好老师,他帮我找到了一生热爱的东西。

2006年,我遇到了烟台二中的语文老师宋一平。当时很多语文老师都把课文当作考试中现代文阅读、文言文阅读的材料,按照考试的思路来分析课文,但宋老师更愿意给学生讲课文本身的美。讲《鸿门宴》,他要求我们读《史记》;讲《林黛玉进贾府》,他要求我们利用假期把《红楼梦》的前二十回读完……在阅读的过程中,我逐渐感受到文学的美,下定决心大学读中文系。如今十几年过去,我依然感谢宋老师当年对我的引领。

在这次采访过程中,我又一次感受到了好老师的魅力,遇到了几位闪闪发光的老师。

闫存林老师是一名中学语文老师,在教学研究方面有着格外突出的成就。近年来,全国都在推广"深度学习"这种全新的教学模式,在很多教师还不太清楚如何实行这种教学模式时,闫老师已经能够把它应用得炉火纯青。你可以在本书第三章"迎接教改"中看到闫老师的精彩论述。

华应龙老师是一名小学数学老师,有着丰富的基层教学经验。在本书中,你可以看到他关于基层教学问题的解决之道。

叶德元老师是一名中学历史老师,也被称为"最美教师",他善于寓教于乐,利用各种契机对学生进行教育。在本书中,你可以领略他是如何把教育化入生活的每一个细节里的。

罗滨老师是一名中学化学老师,她对中国教育未来的发展方向有着深刻的洞察。在本书中,你可以看到她对中国教育的深入思考。

采写此书的过程中,我感慨良多。有一次采访时,闫存林老师坐在宽敞明亮的教室里对我说:"曾经有学生问我,闫老师,你的理想是什么?我对他们说,我的理想就是让你们的理想成真。"窗外是碧绿的叶子,偶尔传来几声蝉鸣,我望

---

1. "深度学习"是指在教学中,学生积极参与、全身心投入,获得积极的、有意义的学习过程。

着闫老师，心里想：这就是孔子所说的"己欲立而立人，己欲达而达人"吧。

叶德元老师形容自己的生活"像打仗一样"。为了接受采访，他把吃饭的时间、上下班通勤的时间都留给了我。从教近20年，教育已经和叶老师的生活分不开了。他家专门留了一间空卧室，学生如果和父母闹矛盾了，或者遇到其他事情，就可以到叶老师家里住几天。他的教育热情甚至感染了家人。有一次，他原本打算带学生去参观博物馆，但当天早上突然接到电话，不得不去一个地方开会，于是，他当了一辈子老师的岳母自告奋勇，决定带领学生去参观博物馆。

华应龙老师非常和蔼，他虽然身兼副校长职务，却没有一点架子。小学数学的教学内容相对简单，但华老师对所有教学内容都做了认真的探索和研究，比如学生为什么会用错量角器，为什么会算错数。有的老师有一句口头禅："这道题我已经讲了八百遍了，你们怎么还错？"但华老师不会把错误归结到学生身上，而是将其当成一个真问题去研究，看看有没有新的教学方法能让学生更好地掌握知识。他还有一句名言"错着错着就对了"，并据此研究出了"化错教育"理论。能够这么细致地下功夫，实在让人佩服。

罗滨老师参与了"深度学习"教育改革的顶层设计。在新的教育模式之下，学生学习的积极性被调动起来，积极主动探索知识，学习兴趣变高了，学习能力也变强了。这种能力，可以伴随学生一生的成长。

这是一本介绍教师这个职业的小书，通过此书，你会了解好老师应该是什么样子的。如果你想成为教师，这本书也为你提供了一些切实可行的操作方法，你可以从"行业地图""新手上路""迎接教改""高手修养"几章看到如何成为一名教师、如何更好地进行课堂教学、如何将教改的理念融入日常教学、怎样成为名师等方面的具体内容。需要说明的是，本书提到的"教师"特指小学、初中、高中三个阶段的教师，大学教育、成人教育、职业教育等其他类别的教师不在本书论述范围内。

当然，本书所讲述的是几位顶尖教师对教学的理解和经验分享。中国幅员辽阔，各地的情况纷繁复杂，让所有老师都达到书中几位老师的水平，当然不现实，其中有环境、制度、人事等方方面面的因素影响。但高山仰止，景行行止，我们虽不能至，起码可以心向往之。

吕志超

CHAPTER 1

第一章
行业地图

我能做教师吗

你好，欢迎走近教师这个职业。

翻开这本书的你，可能是一个面临职业选择的学生，或是一个想要转换赛道的职场人，想知道自己是否适合教师这个职业；也可能是一位正在为孩子的未来做规划的家长，想要搞清楚自己的孩子将来适不适合当老师，要不要把他往这个方向培养；还有可能是一个单纯对教师这个职业感兴趣的人，想知道从事这个职业的人每天都在做什么，他们有着怎样的爱与怕、乐与痛，以及这个职业有什么通用的方法可以学习，来为自己的工作助力。

这本书的目标，就是带你预演一遍教师的职业发展之路，以便你对自己或孩子将来要不要成为教师这个问题做出决定。

在"行业地图"部分，让我们先来解答一些你最关心的问题。不管你是正在面临职业选择的学生，还是在为孩子的未来做规划的家长，相信你最想知道的是：教师是一个好职业吗？

判断教师这个职业是否是"好职业"，要考虑很多方面的因素，比如：

· 教师的收入到底有多少？

- 教师是不是一份清闲、稳定的工作?

- 年年教同样的东西,教师会感觉倦怠吗?

- 教师这个职业的未来发展前景如何?

- 教师的幸福感来自哪里?

对于这些问题,我们都会一一为你解答。

适合当教师的人有什么特质

· 罗滨

一名老师应该具备哪些特质？有的人认为老师对待知识要严肃认真，有的人认为老师要学养丰富，还有的人认为老师要很有耐心。这些或许都是一名好老师的重要特质，却不是判断一个人是否适合当老师的根本要素。**一个人是不是当老师的好苗子，首先要看他是不是爱孩子，喜欢和孩子待在一起。**

老师对学生的爱应该是平等的、没有任何差别的，也就是所谓的"有教无类"。无论学生的成绩优秀不优秀，长相漂亮不漂亮，家庭条件好不好，作为一名教师，你对他们的爱都应该是一样的。很多人强调老师要有责任感，但这种责任感并不是强迫来的。如果真的爱孩子，你会自发地对他们好，为他们的未来着想，教书和育人会变成一件你发自内心想要做好的事。如果不喜欢孩子，即使再有责任心，当了老师的你也会感觉格外难受。

我出身于教师世家,父亲是生物老师,母亲是物理老师,姑姑是化学老师,姑父是物理老师,他们都是非常爱孩子的人。在我小时候,父母作为知识分子,在特殊的历史时期被下放到农村做老师。村子里有的孩子生活困难,为了让他们过得好一点,父母直接让他们住到我家。

当时因为时代的关系,很多教学活动都暂停了。我父母很着急,如果孩子们现在不学知识,将来肯定无法在工作和生活上取得好的发展,不能因为学校不上课就耽误学习。于是,他们就带着一些学生在家里上课。妈妈是物理老师,她就在家里设置了工作台,带着学生动手缠电圈、做发电机,给他们讲电流的原理。

无论在什么情况下,不管遇到什么样的学生,我父母都会自觉地把学生放在第一位,不随便放弃任何一个学生。在他们的言传身教下,这也成为我潜意识里的东西。教学这么多年,遇到学习好、肯上进的学生,我当然为他高兴,但遇到人们通常认为的"问题学生",我也会尽最大能力帮助他。

我当老师的第一年教初三,班里有个学生不爱学习,经常考试不及格。初三是非常重要的一年,如果一直考试不及格,他就毕不了业,也就无法取得毕业证。别说现在了,就算在那个年代,没有初中文凭的人也是很难在社会上立足的,所以我就强制要求他来补课。但这个学生非常不配合,我进教室时他还在，然而转眼就不见了。我四处找，最后从讲桌底下把他薅出来，按着他坐下，一点一点给他讲题。类似的情况发生过很多次，最后他终于顺利毕业。

对老师来说，遇到不爱学习的学生，其实不是最难的，那些受学习、家庭的影响而产生心理问题的学生，对老师提出了更高的要求和挑战。作为老师，要有面对和处理这类问题的细心和耐心。

我曾经有一个学生，去他家家访时，我发现他不让任何人进自己的房间，连父母也不让进。原来，这个学生与父母关系紧张，经常爆发冲突。一次，他跟家人再次发生冲突后，给我打了四五个小时的电话。我耐心地听他讲话，并给予回应和安慰。他可能觉得好不容易找到一个愿意理解他的人，从此每天我下班之后，他都会找我聊天，一聊就是三四个小时。我以为这样陪伴他、开导他，他会渐渐调整好状态。没想到，这样持续了两个多月后，有一天他突然跟我说："老师，您知道我那么多事儿，就不怕我对您不利吗？"我吓了一跳，这才意识到他的心理可能出问题了，就跟他商量带他去接受心理治疗。他一开始坚决拒绝，我帮他找好了心理医生，跟他反复沟通，又请他的父母配合，他才答应接受治疗。

教师这个职业的日常工作非常繁杂，会遇到各种各样的学生和家长。如果选择当老师仅仅是因为收入稳定、工作体面,那么当你遇到工作上的种种问题时,就很容易产生抱怨、不满等情绪,甚至影响自己的心理健康。如果没有一颗爱学生的心,没有对教育的热忱,是很难在教师工作中感受到快乐的。

说了这么多,我们来给这篇文章画个重点:要判断你适不适合当老师,首先要看你喜不喜欢孩子,会不会对个性、成绩、家庭条件不同的孩子给予同样的对待。如果你喜欢孩子,能做到对所有孩子一视同仁,那么你大概率是当老师的好苗子。

教师的幸福感来自哪里

·罗滨

很多人都羡慕教师这个职业,一方面觉得教师十分受人尊敬,另一方面觉得教师每年都可以享受寒暑假,这是幸福感最大的来源。实际上,教师的幸福感不完全来源于别人的尊敬,更不来源于每年的两个长假。而通常意义上衡量一名教师成功与否的标准——**学生成绩的提升,固然能给老师带来短暂的成就感,但更长久、更强烈的幸福感,其实来源于自己能够改变一个学生,引领学生成长。**

年轻老师有时候会抱怨并感觉很失落,自己明明下了很大功夫,却看不到教育成果。遇到这种情况,千万别着急。教育是一个潜移默化的过程,其作用是非常缓慢的,老师对学生的影响,往往需要比较长的时间才能看出来。

我有一年当班主任时,班里有个学生总是迟到,有一天我就特意在学校门口等他,他本想等我离开之后再溜进去,谁知我一直不走,他只能硬着头皮来到学校门口。我问他为什么经常迟到,他却觉得自己很冤枉,因为他每天都按照固定的时间从家走到学校,但有时候不迟到,有时候不知怎的就会迟到。

为了弄明白原因,我试着早上从他家出发,亲自走了一趟他上学的路。我发现,虽然他家与学校距离不远,但这一路上有七个红绿灯,只有一路都是绿灯的时候,他才能不迟到。我告诉他:做任何事都需要提前做好规划,你得保证即使一路碰到七个红灯,依然不迟到。他听完,什么都没说。

后来高考在即,这个孩子一直忙着参加物理竞赛,其他科目的成绩明显下降。为此,我专门找他谈话,告诉他,作为一个成熟的人,不能在一段时间里只做好一件事,而是能同时做很多件事,并且都能做好。以后走上社会,工作、家庭、孩子这些方面都得兼顾,不能顾了事业忘了家庭,或者只顾孩子忘了妻子。他听完,还是什么都没说。

渐渐地,这个学生迟到的问题改掉了,各科成绩也慢慢提上来了。虽然在我批评他时,他什么都没说,看似无动于衷,但其实我说的话他都听进去了,而且他从内心深处认可我讲的道理。这一点,我是几年之后才知道的。

他上大学后,有一次,和他同届的一个学生回来看我,告诉我,他在大学里的表现特别优异。很多同学上课经常迟到,但他每次都提前十分钟到教室,特别自律。别人问他是怎做到的，他说，我的高中老师告诉我，做任何事都要打提前量，把时间安排得富余一点，万一有突发事件也好应对。

他在大学里担任了很多职务，既是学生会干部，还参加了不少社团，同时要组织各种活动，但这些都没有耽误学习。别人问他怎么能同时干好这么多事，他说，我的高中老师告诉我，一个人不能只干好一件事，要能同时干好几件事。

我听了觉得特别幸福。老师在教育学生的时候，学生可能会觉得自尊心受挫，不愿妥协或者说出自己的想法，但他心里知道什么是对的。等到进入一个新环境，他会自觉自愿地按照之前老师教的去做，这种改变甚至会影响并伴随他的一生。看到学生的改变和成长，我真心觉得教育工作是世界上最好的工作。

除了能够对学生产生潜移默化的影响，老师的幸福感也来源于学生取得的成就。闫存林老师当年做班主任时，有一次和学生们谈论理想，有的学生说想做商人，有的说想从政，还有的说想实现财富自由。最后大家问闫老师的理想是什么。闫老师说，我的理想就是帮助你们实现你们的理想，只要理想是正当的，是自己真正向往的，不论是成为世界首富，还是做一个默默无闻的工匠，都是很好的。

有时候，老师的幸福感要在多年之后才能感受到。还记得前面提过的罗滨老师的父母吗？他们后来离开了曾经教书的村子。现在已经八十多岁的他们，偶尔也会回当年教书的地方看看。每次回去，当年的学生就会排着队来见老师。因为时代的关系，这些学生有的也已经八十岁了，但听说老师来了，他们从早上五点开始就在老师住的宾馆门口等待。有时候罗滨老师的父母回去一次，连续一周都见不完前来看望的学生。

孟子说，君子有三种快乐，第一是父母兄弟俱在；第二是问心无愧，所谓"仰不愧于天，俯不怍于人"；第三是"得天下英才而教育之"。老师能够有机会教育天下英才，是人生最幸福的事。

教师是一份清闲、稳定的工作吗

· 闫存林

"当老师每天就上两节课,根本没有八小时的工作量!"

"当老师真轻松,周末正常休息,还有寒暑假,真的是太悠闲了!"

"当老师多好,第一年好好备课,以后每一年都照着第一年的讲,越老越轻松!"

……

这是我们在生活中经常听到的对教师这一职业的评价。很多人认为,教师这个职业是相对轻松的,每天只需要上两三节课,还有两个长假,课余时间都是自己的。然而,教师的实际工作情况跟人们通常的认知相差很大。

表1-1展示了我在工作日的时间安排。

表1-1 工作日时间安排

时间	安排
7:30—8:00	到教室组织早读。
8:00—8:45	给第一个班上课。
8:55—9:40	给第二个班上课。
9:50—11:30	无课。思考上午课上存在的问题并进行简单的记录,以备给其他班上课时调整优化;批阅学生上交的作业,并进行登记。
11:40—12:25	给第三个班上课。
12:30—13:00	去学校食堂吃饭,与其他老师交流工作心得。
13:00—14:00	批阅作业。
14:30—16:00	组织老师集体备课,解决教学中遇到的问题,研讨下一阶段的工作。
16:30—17:30	找学生个别答疑,解决学生的疑难问题。
17:30—18:30	吃饭。
18:30—19:30	去操场锻炼身体。
19:30—21:30	批阅作业,准备第二天的课程,读书,写教学反思。

可以看到,我日常一天的工作时间从早上七点半一直持续到晚上九点半,长达十四个小时。就算去掉一个半小时的吃饭时间和一小时的锻炼时间,工作时间也长达十一个半小时。我认识的很多老师基本上都是这样的工作量。

实际上,教师这个职业的工作相当繁重。工作的时间越久,工作和生活越难分开。除了上课,老师还需要花大量时间做以下几个部分的工作。

第一,备课。虽然老师一天可能只上两三节课,真正的上课时间只有两三个小时,但是为了上这几节课,需要花费大量时间和精力来备课,比如查找资料、写教案、参加备课研讨、参加教研组的各个会议,等等。

有些优秀教师对自己的要求十分严格,备课的时间会更长。另外,因为面对的学生不同、教学目标不同,每年的教案都要重新写。很多老师在日常生活中看到一个新闻或者一个故事,会本能地思考能不能用到课堂教学中,为教学积累素材。有的新老师刚入职时,会在工作之余逛街、与朋友聚会等,但他们会慢慢发现,要想把课上好,晚餐之后的时间一定要利用起来。如果把这段时间花在娱乐活动上,教学水平永远无法提高。

第二,处理作业。很少有老师能在八小时之内把学生的所有作业处理完,特别是现在实行教育改革,相应地出现了很多个性化作业,这就需要老师掌握每个学生的特点,有针对性地批改,第二天才能有针对性地讲解作业。

第三,自我提升。老师在课后一定要反思自己的教学,尤其是新老师,一定要写好教学反思日志。十几年前,我就跟我带的徒弟说,如果你坚持写教学反思日志十年,你不成功,"天理难容"。写教学反思日志时,可以琢磨这些内容:这节课的失败之处是什么?是我和学生之间的交流出问题了,还是我的表达出问题了?记录失败之处是最关键的。

除此之外，还要记下今天最得意的一点是什么，比如我今天对学生不经意间说了一句什么话，学生因此特别高兴。为什么他会这么高兴？你可以在教学反思日志中进行分析、总结。像这样的事，如果不记下来，可能也就过去了。但是记录下来，并且时时翻看，长此以往，你的进步就会很明显。

第四，学习和参加培训。教师本身就是引导学生学习的职业，如果自己都不学习，怎么要求学生好好学习呢？所以，在课余时间，老师要大量阅读本专业或教育学方面的书籍。除了自己主动学习，教师也要参加一些培训活动。在寒暑假，至少有一到两周的时间，很多学校都会组织针对教师的培训；区里、市里也会定期组织教师的教培活动，以前主要是线下培训，现在大多是网络培训。培训也会占据老师不少时间，这些年我花在网络培训上的时间已经近两千个小时了。

第五，组织与学生有关的活动。很多新手老师会担任班主任职务。除了本专业的教学工作之外，班主任还要关心学生的一切学习、生活。比如，组织每周的升旗仪式；定期举行主题班会，对学生进行安全教育、德育、心理健康教育；定期召开家长会，不定期与家长进行交流；经常跟学生谈话，了解学生的思想动态；帮助学生解决学习和生活中的疑惑；等等。

许多人认为教师工作轻松，其实是因为他们只看到了教师表面上的工作时间，没有看到那些为工作所付出的隐性的时间和精力。在国家社会科学基金"十二五"规划"中学专任教师工作量状况及标准研究"课题中，研究人员对福建、河北、吉林等省1154名中小学教师进行了问卷调查。结果显示，绝大多数教师每周的工作时间都在54小时以上，实际工作时间超过法定工作时间的25%。所以，如果想当老师的原因只是觉得老师工作轻松，那你可能要重新考虑一下自己的职业选择了。

你可能会想，语数英、政史地、理化生这些主要科目的老师工作比较忙碌可以理解，但音乐、美术、体育等科目的老师，他们的工作会不会轻松一点呢？答案是不一定。

在得到App进行的关于教师职业基本情况的调研中，一位音乐老师是这样描述自己的工作的：

音乐老师的工作远不止于教学。除了日常教学管理外，还会有赛课、基本功比赛等各类比赛。学校的各种活动都需要音乐老师参与排演，学生的艺术类比赛也需要辅导、训练。遇到重大节日有庆祝活动，还需要加班进行排练（自己作为演员演出，以及作为指导教师帮学生排练）。

所以，不论是语文、数学、英语这些主要科目的任课老师，还是音乐、美术、体育等其他科目的任课老师，面临的工作都不像我们想象的那么轻松。

教师的收入有多少

· 华应龙

有人认为,教师是一份体面的职业,收入肯定不少,在一个城市中应该属于"中产"。然而,2016年,一位老师的辞职信在网络上走红:"才疏不能胜任,薪酬不能持家。"短短十二个字,道出了很多教师的辛酸。在得到 App 2021 年所做的一个关于教师基本情况的调研中,工资低成为教师离职的首要原因。

我国教师的工资通常由岗位工资、薪级工资、绩效工资和津贴补贴四部分组成,其中岗位工资和薪级工资为基本工资。教师的岗位工资根据各地的经济情况可能有些许差异。薪级工资的评定会参考教师的工作表现和资历,绩效工资的评定会参考教师的实绩和贡献。中小学津贴补贴分为艰苦边远地区津贴和特殊岗位津贴补贴。艰苦边远地区津贴主要是根据自然地理环境、社会发展等方面的差异,对在艰苦边远地区工作、生活的工作人员给予适当补偿。特殊岗位津贴补贴主要是对事业单位苦、脏、累、险及其他特殊岗位工作人员的政策倾斜。

那么,教师的薪资究竟在什么范围呢?以北京为例,在西城区一所顶尖小学,一个刚进学校工作、本科毕业的年轻教师,每月到手工资大概在5000元。随着工龄的增长、职称的晋升,他的工资会不断增加。如果取得了高级职称、承担校级行政职务,他的年薪一般在15万元。而中学教师的工资一般会高于小学教师的工资,北京一所一流中学的教师年薪在20万元左右。

从全国范围看,教师的工资还会因为所在地区的不同而产生较大差异。一般来说,经济发展越快、思想开放程度越高的地区,当地教师的工资也越高。

2020年,东北师范大学教师教育研究院发布了《中国教师发展报告2019》。报告显示,参与调查的中小学教师月平均工资只有4324.61元,而且不同地域有很大差异——东部地区教师的月平均工资为5133.17元,西部地区教师的月平均工资只有3600元左右。

《中华人民共和国义务教育法》规定,教师的平均工资水平应当不低于当地公务员的平均工资水平。2022年初,国务院教育督导委员会办公室向各省(市、区)发出提醒函,要求各地切实抓好义务教育教师平均工资收入水平不低于当地公务员平均工资收入水平落实工作,相信未来教师的工资一定会有所提升。

总体来说,**当老师是需要一些理想主义精神的**。教师这个职业属于工薪阶层,薪资能够满足基本的生活要求,但不能使你大富大贵。如果你对生活水平有很高的要求,那么教师可能并不是最佳的职业选择。

年年教同样的东西，教师会感觉倦怠吗

·闫存林

中国人力资源开发网曾经做过一个关于各个职业"工作倦怠指数"的调查，并发布了《"工作倦怠指数"调查报告》。结果显示，教师这一职业的工作倦怠程度非常高，在所有职业中排名第三。[1]

简单来说，职业倦怠是指对工作充满厌倦情绪，工作效率明显降低，身心疲惫。长期的职业倦怠还会导致一个人产生易怒、暴躁、懈怠等不良情绪，以及身体的亚健康状态。

教师的职业倦怠一般出现在从业 5～10 年之后。教师工作的重复性相对比较强，在入行前几年，一名教师需要积累各种经验，应对各种以前没有经历过的突发状况和难题；几年后，他的教学技能和学科知识都掌握得比较扎实，各种突发状况也能从容应对，甚至评上了理想的职称，这时他可

---

[1] 中国人力资源开发网：《"工作倦怠指数"调查报告》，http://bbs.chinahrd.net/forum.php?mod=viewthread&tid=56654，2022 年 11 月 2 日访问。

能就会觉得工作不再有新鲜感和挑战性。还有的老师会遭遇职业发展的瓶颈期，无法实现自我突破，从而产生倦怠感。

教师的职业倦怠是一个全球性现象。英国的《泰晤士报》曾经调侃说："你是否士气低落、精神压抑，感到自己为社会病症承担了不公正的指责？如果是，那你肯定是一位教师。"

教师的职业倦怠在很大程度上来源于工作内容的重复性。曾经有一位资深老师拿着高中三年的课本，感慨地说："就这几本书，我教了 20 年。"我有一次看香港电影《男人四十》，主人公是一个 40 岁的语文老师。有一次他要教新课文，从书架上把资料取出来，他老婆看到了，会心一笑："又教到《念奴娇》了吧？"这一幕让我感触颇深。这个主人公每年教学用的资料都是相同的，连他老婆都知道找这些资料是为了教哪篇课文。

那么，有哪些避免职业倦怠的好方法呢？

教师要想避免职业倦怠，最重要的方法之一就是多做研究，避免把教学流程变成程序化工作。虽然备课、上课、批改作业等教学环节是固定的，但是对教学能力的追求、对教学理念的学习，你可以始终保持一种开放的态度，针对不同的学生、不同的教育目标，不断学习和探究。

从宏观层面来说，你面对的每一届学生都不一样，国家提出的育人目标也在不断变化。比如，在 20 世纪，我们比较强调培养学生的基础知识、基本技能。2001年,教育部颁布《基础教育课程改革纲要(试行)》,首次明确提出了新课程教学的"三维目标"——知识与技能、过程与方法、情感态度与价值观,教学重点也随之改变。2016年,中国学生发展核心素养研究成果发布会在北京举行,强调各级教育工作者要更加注重培养学生的核心素养。每一步改变,都对教师提出了新的要求。

从微观层面来说,同样一篇课文,十年前的教法和十年后的教法可能完全不一样。以莫泊桑的短篇小说《项链》为例。十年前讲这篇课文时,老师一般会强调,是主人公的虚荣心导致她为了还一串假项链,荒废了十年青春,这篇文章体现了在资本主义社会,小资产阶级的虚荣心所导致的社会悲剧。但现在这样跟学生讲就不太合适了。学生会觉得,这个主人公只不过是爱美罢了,怎么能说爱美就是虚荣心呢?如果没有一颗让自己变得更美、更好的心,社会怎么进步?时代在改变,观念也在改变,面对这样的情形,老师也要从全新的角度解读这篇文章:主人公花十年青春偿还那条假项链,说明她不欺骗、不逃避,勇于面对,敢于承担。她的悲剧是偶然性因素造成的,并非本性如此。在讲这篇课文时,我会告诉学生,生活在现代文明社会,我们不应该轻易把"贫苦""富裕"这样的字眼上升到道德层面,更不应该否认人的正常欲望。有契约精神、讲诚信,这些都是非常了不起的品质。

除了对教材不断研究、做出新解读,老师还应该把社会生活中的新现象，比如网络流行语、人工智能等，纳入课堂教学中。我就在课堂上带领学生们探究过"666"这个网络词语是从哪儿来的，第一个这么说的人是谁，并让学生们预测这个词还能火多久。讲这些东西不是为了哗众取宠，而是通过这个网络热词，讲解语言的诞生过程及传播规律。虽然学习的是新潮的现象，但讲的知识还是有用的知识。这样讲课，既调动了学生的学习兴趣，也能从一定程度上打破老师由于长期讲同样的内容而产生的职业倦怠。

职称、待遇这些外在的东西很难帮助老师破除职业倦怠，老师要打心眼里觉得教学是一件有趣的事，愿意一直保持开放的心态，不断反思自己的教学方法，才能形成良性循环。学生越来越喜欢你，你教得越来越起劲，职业倦怠感就会得到很大程度的缓解。

有的学校也会做出一定的努力，帮助教师破除职业倦怠。

比如，北京十一学校每个月都会举办一次教师"生日会"，由工会录制同事、学生对"寿星"老师的称赞和感谢，并在生日会现场播放，过生日的老师可以从中感受到同事和学生对自己的感情。再如，为了帮助教师成长，十一学校专门成立了"教育家书院"，教师如果想要在专业上提升自己，就可以到书院里找寻帮助。能够在专业上不断精进，这份工作也会越做越有趣。

教师这个职业的未来发展前景如何

·闫存林

2014年,《纽约时报》在美国组织了一场教育行业的人机大战,由机器人和真人教师同时对水平一样的学生进行教学。结果显示,机器人教学组的教学成绩比真人组高17分,及格率比真人组高10%。2017年,我国一家人工智能教育机构也组织了一场人机教育比赛,参与比赛的真人教师平均教龄17年,都是业内的特级名师。经过4天教学,AI机器人把学生的平均成绩提高了36.13分,真人教师则提高了26.18分,AI机器人又一次胜出。[1]

这一结果引起了人们的广泛关注。我国国务院在2017年发布的《新一代人工智能发展规划》中,也着重强调了"推动人工智能在教学、管理、资源建设等全流程应用"。很多人担心,教师这一职业最终会被人工智能取代。

1.《国内首次教学人机大战:教学机器人战胜高级教师》,载《课堂内外创新作文(高中版)》2017年第12期。

在传统意义上,教师只是一个知识的传授者,要做的是把知识准确有效地传授给学生——老师在讲台上教,学生在座位上听。如果这种状态一直持续下去,教师这种职业将来很有可能会被人工智能所取代。

要想避免这种情况发生,教师需要达到更高的层次,大体包括以下三个方面:

第一,实践大单元教学,引导学生深度学习。[1]"大单元教学"是当前教育改革的方向,它打破传统的"老师讲、学生听"的教学模式,由老师设置一个又一个学习单元,并在每个学习单元中设置学习任务,增强学习的趣味性,让学生在完成任务的过程中学会有用的知识,掌握解决问题的方法。

第二,针对不同学生设计不同的学习方式。每个学生都是独立的个体,他的情感、思维方式、学习路径都有其个性化特征,这些都需要教师在长期与学生的相处中,细心观察、揣摩。

过去,我们希望通过教育使学生成为优秀的人,但这个"优秀"通常是一种固定的标准,我们希望所有学生都能达到这个标准。而最新的教育理念认为,我们应该针对不同的学生,设立不同的"优秀"标准。比如,一个孩子擅长理工科,我们只要求他有一般的文本阅读和表达能力、达到高考的最低标准就可以;但有的学生对文学特别感兴趣,将来上大学

---

1. 参见后文"迎接教改"一章。

可能会报考中文系,语文老师就可以单独指导她,通过给她列文学作品书单等方式,引导她在文学方面的发展。教师对学生的个性化判断和培养是人工智能无法取代的。

第三,与学生进行亲密的情感交流。这是相较于人工智能,教师所拥有的得天独厚的优势。人是社会性动物,他的发展必须有一个活动场所,有每天接触、一起成长的伙伴,这些伙伴不可能由机器人代替。学校是学生学习知识的场所,更是师生之间交流情感的地方。老师一个关切的眼神、一个加油的动作、一声温暖的问候,对学生来说十分重要。在世界上一些教育比较发达的国家,老师一天中 80% 的时间不是在上课,而是在观察每个孩子的情绪表现,深入了解孩子的内心,找到最佳时机给予激励。有学者认为,在将来,教师情绪劳动的比例将越来越大。

未来的教师将不再是一个传递知识的机器,而是会逐渐成为学生成长发展的规划者和激励者。 在这个层面上,教师被人工智能取代的可能性极低。

2022 年 11 月,ChatGPT 问世,人工智能又上了一个新台阶。有人预言,将来有很多工作都会被 ChatGPT 替代。但是,教育学说到底是关系学,学生"亲其师"才能"信其道",要想培养出优秀的学生,需要教师作为活生生的人跟他们交流。从这个意义来说,教师这个职业未来被 ChatGPT 替代的可能性并不大。

CHAPTER 2

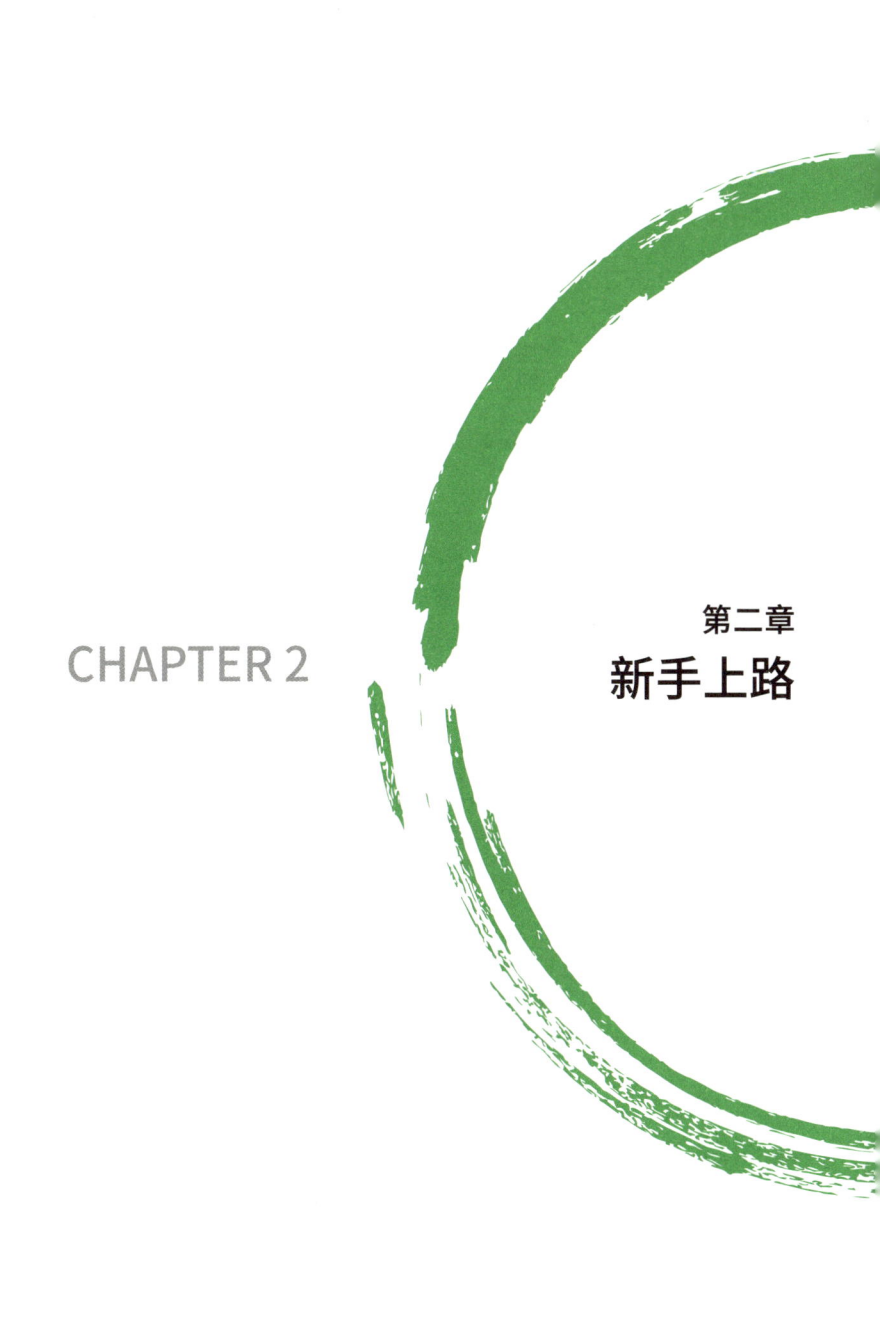

第二章
新手上路

我能做教师吗

在对教师这个职业有了整体认识后,让我们一起来到职业预演之旅的第一部分——"新手上路"。

在这一部分,我们首先会向你介绍一些入行的基本规则,比如,你是一名还没上大学的高中生,想当老师,是否要报考师范类院校;比如,你是一名即将毕业的大学生,想从事教师这个职业,是否要考编制;比如,你正准备求职,要去一所学校应聘,应该怎样准备笔试、面试;等等。

接下来,我们还会带你去看看,一个新手老师在刚进学校时,需要做好哪些工作。

试想一下,你现在是一个刚刚通过学校招聘考试,即将承担一到两个班级教学任务的教师。这时,如何上好一堂课就是你将面临的首要问题。

要想上好一堂课,你首先要备好课,保证所有学生都能听懂;其次要学会组织和驾驭课堂,维持学生全程听课的兴趣。当然,课堂上可能会出现一些突发情况,比如有的学生不遵守纪律,有的学生跟你发生了冲突。这时候,作为新手教师,你应该如何应对呢?

此外,一名优秀的教师不仅要掌握扎实的专业知识和教学技能，还要具备班级管理能力。培养这项能力，最好的途径就是当班主任。班主任的工作十分繁杂，比如督促学生学习，关心学生的情绪，营造班级的凝聚力，管理学生的在校生活，及时与家长沟通学生情况，等等。在"新手上路"这一章，我们将会带你依次了解每项工作的窍门。

◎ 入行前的准备

想要从事教师这个职业,越早准备越好。一般来说,在高中阶段,你就要开始考虑自己将来的职业规划了。最迟在高考结束后、报志愿前,你最好能完成以下几方面的准备工作。

第一,明确自己将来想要从事的职业。你可以从自己的志向、兴趣和擅长几个方面进行判断。

志向指的是你决心要在哪一方面有所作为。比如,有的人想要救死扶伤,为人们解除病痛;有的人想要保护环境,让地球越来越美丽;有的人想要从事科学研究,用科技造福人类……这些都可以算作志向。如果你的志向在教书育人,为社会培养更多的人才,让孩子们接受知识的熏陶,让人类文明得以传递,那么,教师这个职业就很适合你。

兴趣指的是你喜欢什么。比如,有的人喜欢养猫养狗,喜欢小动物,他就可以尝试做兽医;有的人喜欢和文字打交道,他就可以尝试记者、编辑等与文字相关的工作。如果你喜欢跟孩子打交道,喜欢看着学生在你的影响下变得更好,或者你很喜欢某个学科,讲起这个学科的知识来充满激情,那么,教师就是一个不错的选择。

如果你的志向、兴趣都不是很明确，那么，你可以想想自己擅长什么，比如你做什么事情比较容易成功，会获得更多的正反馈。如果想要做老师，你可以看一下自己是不是擅长某个学科，如果在大学期间继续学习这个学科，你是否能比其他人学得更好。

第二，在高考分数出来后，你需要结合自己的分数梳理想要报考的院校。一般来说，学校会提供一两本关于各所院校历年分数线的参考书，市面上也有很多介绍各个高等院校、填报高考志愿的相关书籍资料。如果想要做老师，你可以从本书的两篇文章"门槛：报考师范类专业和院校要注意什么"和"人才：师范生与非师范生各自的优势"中找到对你有帮助的信息。

第三，在基本确定了想要报考的院校后，你可以为自己安排一次旅行，去这所学校所在的城市一趟，实地考察一下校园环境、学习氛围等。有条件的话，你也可以跟以前和你一个高中，现在在这所大学学习的学长、学姐聊聊在这里上学的感受，进一步评估这所学校是否适合自己。

第四，在这个过程中，尽可能多地了解你想从事的职业的一切，比如职业前景如何，从事这个职业的人日常的工作和生活是什么样的，等等。如果你想当老师，了解教师这个职业，读这本《我能做教师吗》，就是一个非常理想的选择。

我能做教师吗

在接下来的内容里，我们会针对高中生聊一聊，如果想以教师为将来的职业，在高考报志愿的时候要怎么选择。如果你已经大学毕业，你可以跳过这部分内容，直接阅读"想当教师，要不要考编制"。

想当教师，要怎样填报高考志愿

门槛：报考师范类专业和院校要注意什么[1]

很多人都有一个固有的印象，要想当老师，选师范类院校就可以了。这个观点有一定道理，因为师范类院校是我们国家培养教师的一个比较重要的阵地。

我国师范类院校可以分为三个层次：

第一个层次是教育部直属的六所师范类院校：北京师范大学、华东师范大学、东北师范大学、华中师范大学、陕西师范大学和西南大学。这类院校的毕业生在就业时十分受欢迎，有的用人单位甚至会点名要求应聘者是"部属师范类院校毕业"。

第二个层次是一些省级师范院校，它们大多位于省会城市，在就业市场上有较为明显的地缘优势。在这类院校中，

---

1. 本篇内容由编著者根据相关参考资料和访谈整理而成。后文有未标注受访者的文章，也是这种情况。

排名比较靠前的有南京师范大学、华东师范大学、华中师范大学、湖南师范大学等。

第三个层次是一些位于二线城市的师范院校，比如河南省的信阳师范学院、浙江省的湖州师范学院等，这些学校大多是由原来的师范专科学校升级而来的。

需要注意的是，介绍这些师范类院校，并不是说从师范类院校毕业后就可以直接当老师，而从非师范类院校毕业的学生就没有当老师的机会。

如果将来想当老师，在报志愿时，你一定要看清所报专业是否为师范类专业。

首先，有的师范类院校开设的基础学科专业，比如汉语言文学、数学、物理、化学等，会分为师范类和非师范类。比如，"汉语言文学（师范）"和"汉语言文学"就是两个专业。后者是非师范类专业。

其次，除了上述专业外，很多师范类院校还开设了公共管理、会计学、电子信息工程等综合类专业，这些专业属于非师范类专业。如果你在一所师范类院校学习综合类专业，那么这跟在非师范类院校学习差别不大——不是说只要在师范类院校上学，毕业后就可以当老师了。

另外，师范类专业并不是师范类大学所独有的。一些非师范类院校也会设置师范类专业。比如，河南大学设置了历史学（师范）专业，苏州大学设置了汉语言文学（师范）专业，临沂大学设置了化学（师范）专业。

如果坚定地想要成为一名教师，那么你尤其要关注公费师范生和优师计划，这两个计划都是在普通批次之前的提前批录取的。

国家针对教育部直属的六所师范类院校，实行了专门的"师范生公费教育政策"。这是国家为了在全社会进一步形成尊师重教的浓厚氛围、鼓励更多优秀青年投身教育事业而设立的专门性政策。

首先，公费师范生会在提前批进行录取，所以考生要填写提前批志愿。

其次，公费师范生在录取后，需要签订《师范生公费教育协议》，在校期间的学费、住宿费由国家负责，还可以领取一定的生活补贴。在毕业工作后，公费师范生可以享受国家正式编制教师待遇；协议履约任教满一学期后，可免试攻读非全日制教育硕士专业学位。[1]

---

1. 国务院办公厅关于转发教育部等部门教育部直属师范大学师范生公费教育实施办法的通知，http://www.gov.cn/zhengce/content/2018-08/10/content_5313008.htm?trs=1，2022 年 11 月 2 日访问。

但是，国家对于公费师范生也有一些硬性要求，比如在毕业前考取教师资格证；毕业后一般要回生源所在省份中小学任教，并承诺从事中小学教育工作6年以上；到城镇学校工作的公费师范生，应到农村义务教育学校任教服务至少1年。

公费师范生要严格履行协议，未按协议从事中小学教育工作的，须退还已享受的公费教育费用并缴纳违约金。除特殊原因办理休学，无法正常毕业等情形以外，公费师范生未按规定时间取得相应学历学位证书和教师资格证书的，按违约处理。

另外，除了部属公费师范生，每个省还有省属公费师范生，同样需要在入学时签订协议。省属公费师范生在上学时也不需要付学费、住宿费等，但关于就业和考研，各省各有规定，比如有的省份就要求公费师范生毕业后必须去农村中小学任职。

优师计划是教育部在2021年推行的一项计划，每年为832个脱贫县和中西部陆地边境县中小学校培养1万名左右的师范生。其中国家的优师计划在部属六所师范类院校里开展，地方的优师计划在其他师范类院校里开展。比如，湖北省承担培养工作的地方师范类院校有湖北师范大学、黄冈师范学院等；重庆市承担培养工作的有重庆师范大学、重庆三峡学院等。

参加优师计划的师范生，在校期间免除学费、住宿费，并补助一定的生活费，毕业后须按协议约定，到定向的县中小学履约任教6年。如果没有按照协议约定履约，违约记录会被归入人事档案和社会信用体系中。

公费师范生和优师计划两者的区别是什么呢？大致来说，主要有两个方面：第一，公费师范生毕业后通常需要回到生源省份任教，而优师计划的师范生毕业后需要到指定的县中小学中任教；第二，公费师范生需要自己考取教师资格证，在指定时间内未考取的，按违约处理，但优师计划的师范生，参照免试认定中小学教师资格改革相关政策，不需要取得教师资格证，就可以申请认定中小学教师资格。

上面说的是优师计划的一般情况，各省还会根据实际情况做出一些有针对性的规定，你可以在各省教育厅下发的文件中找到具体的细则。

总而言之，**如果想要报考师范类专业，你不仅要看所选的是不是师范类院校，还要看清你报考的专业是不是"师范类"**。此外，如果你已经决定以教育为志业，坚定地想在大学毕业后成为一名老师，那你可以考虑报考公费师范生和优师计划。

如果想当老师，有一个东西对你来说非常重要，那就是教师资格证。教师资格证是教师职业的从业许可证。中小学教师资格考试包括笔试和面试两部分。笔试的科目包括综合素质、教育知识与能力、学科知识与教学能力等，各科目均采取纸笔考试。笔试各科成绩合格者，方可参加面试。面试的科目为教育教学实践能力。只有笔试、面试都合格，才能取得教师资格证。

人才：师范生与非师范生各自的优势

· 闫存林

在大家以往的认知中，我国中小学招聘的教师大都是师范类院校的毕业生，但近几年出现了一个新趋势，在很多学校招聘的新教师名单中，有很多是综合类院校的毕业生。例如，在郑州十一中学公布的 2022 年拟入职教师名单中，8 名拟入职教师只有 1 人毕业于师范类院校，其他 7 人皆来自综合类大学。[1]

这是因为中小学对教师素养的要求正在发生变化。过去，一名教师只要教学技能过硬就很优秀了；如今，学校更需

---

1. 腾讯网：《河南某中学"新老师"名单火了，仅有一人师范毕业，家长：太卷了》，https://new.qq.com/rain/a/20220902A0A66Y00，2022 年 12 月 20 日访问。

要的是专家型教师，在拥有良好的教学技能外，一名优秀的教师还要对自己所教授的学科有深刻的理解，甚至在学术上有一定的成就。

在这样的情况下，师范类大学的毕业生和综合类大学的毕业生各有其优势。如今很多学校在招聘教师时，也不再对应聘者的毕业学校有特殊的偏好。

对于综合类大学的毕业生来说，他们在大学期间对自己所学的学科有扎实的研究，甚至在学术上取得了一定的成就，因此，他们可以把学术界的前沿知识带给学生。

比如，中国人民大学附属中学朝阳学校的张晓毓老师的研究方向是外国文学。她发挥所长，为学生开设了外国短篇小说赏析课程，并编写了相关教材。这门课很受学生欢迎，还被评为2013年度北京市朝阳区基础教育优质校本课程。再如，有的化学老师会开设"纳米材料"选修课，讲授此方面的前沿知识，还会介绍历届诺贝尔化学奖得主的故事，给学生带来了书本之外的化学世界。

当然，教师是一项专业性非常强的职业，对教学技能也有非常高的要求。师范类院校毕业生的优势在于，他们通过大学的学习，已经很好地习得了教学上的专业技能。

比如，师范类院校的毕业生在学校会学习两门课——教育学和教育心理学，他们能够更好地把握教育的规律和学生的心理，与学生相处起来更游刃有余。此外，师范类院校一般会组织学生在大三或大四进行教育实习，学生可以进入中小学做实习教师，直接参与教育活动，积累一定的教学经验，这为他们将来从事教师职业打下了很好的基础。非师范专业的学生则很难找到去学校实习的机会，他们如果想要积累教学经验，通常需要去培训机构实习或者做家教。

师范生如果在上学期间对专业知识和专业能力多加钻研，毕业时也有机会拿到一个很好的 offer（录用通知）；在工作后，一方面发挥自己在教育方面的专长，另一方面不放弃专业素养的提高，最终也会成长为一名优秀的教师。而综合类大学的毕业生也需要在走上工作岗位之后不断打磨自己的教学技巧，把自己学到的知识更好地传递给学生。

想当教师，要不要考编制

· 华应龙

学校中可能存在一个奇怪的现象：同样是从事教学的教师，工作内容差不多，工资待遇却相差不少。这并不是因为教师教书水平的差异，而是一个名为"编制"的东西造成的。

"编制"指的是事业编制。在我们国家，有无编制决定了一名教师是在"体制内"还是"体制外"。有编制的教师工作比较稳定，除非犯了大错，基本上没有被解聘的风险；他们的工资由国家财政拨款，每月稳定发放，五险一金足额缴纳；他们可以参与职称评定，获得一定职称后，工资也会相应提升。而无编制教师叫作"临聘教师"，意思是临时聘用的教师，他们与学校签订聘用合同，在学校需要的时候到学校教学，一旦学校不需要了，就会面临被解聘的风险；他们的工资由学校发放，五险一金没有保障；他们也不能参与学校的职称评定。

近年来，很多学校开始采取同工同酬的人事代理方式聘请无编制教师，无编制教师的工资水平和五险一金缴纳等比之前有所提升；在职称评定上，他们虽然不能参加学校的职称评定，但可以通过其他社会途径评定职称。具体来说，对于无编制教师的待遇问题，每个地区、每所学校的政策都不一样。各所学校每年的编制名额也不是固定的，要由政府相关部门确定，再由各教育行政部门发布教师招聘考试公告，公布具体的考试时间、岗位和招聘名额。如果打算当老师，在应聘的时候，你一定要问清楚关于编制的具体情况。

要想成为一名有编制的教师，有以下几个途径。

对于社会人员来说，可以参加教师招聘考试。需要注意的是，教师招聘考试和教师资格证考试是两种完全不同的考试，教师资格证考试是考取教师资格证书，获得成为教师的"通行证"。有了教师资格证，还需要参加教师招聘考试，通过之后，才能进入学校，正式成为一名在编教师。教师招聘考试一般一年举行一次，考试时间由各省相关部门自行决定并发布公告。考生按照公告进行岗位报考，通过笔试、面试、体检等一系列关卡后，即可获得编制。

对于应届生来说，可以参加校园招聘。很多中小学在大学校招季招聘时，都是带着编制名额来的。通常应届生在通过了某所学校的考试后，就可以成为这所学校的在编教师。但也有个别学校的招聘流程比较复杂，招聘的时候是不带编制的，要求应届生既要参加学校的面试，也要参加教师招聘考试，两者都通过后，才能成为该校的在编老师。[1]

此外，如果应届生是公费师范生，他毕业后从事教师职业，一般是有编制的。教育部相关文件规定，要保障符合就业条件的公费师范生有编有岗。[2]

除了编制，你应该还会关心教师职称的评定问题。很多教师认为职称是对自己工作的肯定，如果工作了二十多年都没评上高级职称，心里多少会有一些挫败感。职称还会影响教师的待遇水平，一般来说，职称越高的教师，收入相应越高。

那么中小学教师的职称有多少种呢？

中小学教师职称分为初级、中级和高级，初级设员级和助理级，高级设副高级和正高级。员级、助理级、中级、副高级和正高级职称（职务）名称依次为三级教师、二级教师、一级教师、高级教师和正高级教师。

---

1. 一般来说，公办学校招聘教师，如果有当地人力资源主管部门的参与，学校和相关部门联合招聘，那基本可以确定招聘岗位是带有正式编制的；如果没有人力资源主管部门参与，那没有正式编制的可能性较大。
2. 教育部：教育部办公厅关于做好2022届教育部直属师范大学公费师范毕业生就业工作的通知，http://www.moe.gov.cn/srcsite/A10/s7011/202201/t20220107_592943.html，2022年12月21日访问。

我能做教师吗

你是不是在想,我经常听说某位老师是"特级教师",教师职称的"天花板"难道不应该是特级教师吗?实际上,特级教师并不是教师职称的一种,而是国家为了表彰特别优秀的中小学教师而特设的一种既具先进性,又有专业性的称号。特级教师通常在教学、学生思想教育、班主任工作等方面有卓越贡献,是教师队伍中的佼佼者。

想当教师，要怎样准备简历、笔试、面试

简历筛选：两项内容最重要

·闫存林

想要成功应聘老师，有两个硬性标准：第一，通过教师资格证考试。教师资格证考试难度不大，但知识点多，需要花较多的时间、精力去备考。第二，通过普通话水平测试。中小学老师一般需要达到普通话水平二级乙等，如果是语文老师，则需要达到二级甲等。

达到这两个硬性标准后，你就可以去应聘心仪学校的教师岗位了，整理好自己的简历投递过去，等待学校对简历的筛选。那么，学校在筛选简历的时候，会重点关注哪些方面呢？

首先，关注你的学校和专业背景， 学校的知名度和层次是一个重要的筛选要素。值得注意的是，虽然现在很多学校最后录取的大多是硕士或者博士生，但在筛选简历的时候，

除了关注你硕士或博士就读的学校外，还会格外注意你本科就读于什么样的学校。那么，如果本科的学校竞争力不强，是不是就一定没有机会呢？当然不是，有的学校会进行两轮到三轮的招聘，第一轮可能会选择一些学校背景相对比较好的应聘者。但如果这一轮招聘到的教师人数不够，那么再过一个月，学校大概率会开启第二轮招聘。在第二轮招聘时，对于应聘者的学校要求就会有所放松。如果觉得你的学校背景不够好，第一轮不幸落选，那么，你还可以继续关注第二轮、第三轮的招聘机会。

其次，关注你在学校里是否参加和组织过活动。中小学老师经常需要组织学生举办各种活动，一个具备领导力的老师，在组织学生活动时会更加游刃有余。而且，组织过大型活动，说明你的沟通协调能力比较强，也能从侧面表明你的性格相对开朗外向，未来和学生交流起来也会更顺畅。如果在本科、硕士或博士就读的学校组织过大型活动，你入选的可能性就会更大一些。

最后说一说实习，你或许遇到过这样一种现象：到了大三或者研二的时候，很多同学已经修完了所有学分，离开学校，到各个企业、单位，甚至其他城市实习。但是，学校在选聘老师的时候，不会特别关注应聘者是否有实习经验，因为除了一些师范类大学会安排学生集体实习外，大部分学校在正常情况下很少招收实习老师。如果你正好遇到了一个实习机会，在某所学校实习了一段时间，这对你熟悉课堂很有帮助，你在面试的时候也会更有经验，不怯场。但是如果没有机会实习，你也不需要过分担心，只要专业知识过关，对学生充满热忱和真心，你也一样会应聘成功。

笔试与面试：主要考查专业技能

·闫存林

通过简历筛选后，你就进入了笔试环节。笔试通过之后，还需要通过学校的面试，才能最终应聘成功。

你可能会关心，教师招聘考试的笔试主要考什么呢？像一些企事业单位一样考行测和申论？其实并不是，教师的主要工作是教书育人、传授知识，所以笔试主要分为两部分：一部分是考查你对教育理论基础知识是否足够了解，也有一些学校的笔试并没有这部分内容；另一部分，也是更重要的，是考查你的专业知识是否扎实全面。

具体来说，如果你应聘的是理科类教师，比如数学教师、物理教师、化学教师等，笔试会更注重考查你的逻辑能力、解题思维能力等；如果你应聘的是文科类教师，比如语文教师、英语教师、政治教师等，笔试会更注重考查你的写作能力、文本解读能力等。根据各个科目的不同，笔试中还会加入特定的内容。比如，语文老师可能会让你解读一篇文言文，英语老师则需要翻译一段新闻报道等。笔试的时间通常在一个小时左右。根据以往的经验，笔试大概会淘汰三分之一的应聘者。

通过笔试后，就进入了面试环节。与企业面试不同，学校的面试大多是直接让应聘者在课堂上讲课。

一般来说，讲课的题目会在面试前一个小时给你，除了课本上的内容外，你不会得到任何参考资料，也不可以用手机搜索相关内容，只能凭借自己现有的知识储备进行讲课的准备。对于讲课的时长，不同学校也有不同的要求，有的学校会要求你讲15分钟，有的学校则要求你讲完一堂45分钟的课。讲完课之后，通常还有五分钟左右的问答环节，面试官会对你进行相关问题的提问。

讲课时，有两个方面比较重要。一是教学技巧，比如你的教态是否端正，声音是否洪亮；又如你和学生（试讲过程中，可能会有由学生担任的面试官）是否有良好的互动，是否能够观察到学生的细微反应，并及时反馈。二是专业能力，比如你在讲课时的整体思路如何，作为语文老师，你的文本解读能力怎么样;作为理科老师,你的解题思路是否清晰易懂。当然,专业能力也包括一些基础性内容,比如板书工整、咬字清晰等。如果你的板书中出现了错别字,就会给面试官留下非常不好的印象。

在这两方面中,专业能力比教学技巧重要得多。一般来说,如果应聘者这两方面都很优秀,当然是最好的,但是如果一个人的专业能力很强,教学技巧稍弱,面试官也会相对比较宽容,因为专业能力需要长时间的积累,而教学技巧提升起来比较容易,入职后经过几个月的教学训练,教学技巧基本上都会过关的。所以,**在学校期间,你一定要学好专业知识,提升专业能力,这是你将来求职的有力武器。**

◎ 正式走上工作岗位

刚入职的年轻教师要注意什么

细致：养成良好的工作习惯

· 闫存林

新教师入职后，学校一般会给他配一位资深教师，带他尽快地融入学校的工作和生活。近几年，我经常带一些刚刚入校的年轻老师，其中不乏北大、清华等名校毕业的硕士或者博士。我发现，这些年轻老师对于教学有一个误解，认为自己的水平很高，教高中是一件轻而易举的事，因而对于教学比较随意、懈怠，教学效果并不好。

实际上，教学是一项非常专业的工作，你自己学得好，并不代表就能教得好学生。每个年轻老师，不管学历多高、学校多好，走上教学岗位后，都要认真对待这份工作，养成良好的工作习惯。

具体来说，年轻教师在日常工作中，要注意以下几个方面。

第一，在专业上不懈怠。 现在很多学校都实行集体备课，但这并不意味着年轻教师可以什么都不做，就等着集体备课的时候由老教师给你提供教学方法、教学重点。年轻教师一定要在备课时做好充分的准备，如果备课不认真，你可能就回答不出来学生在课堂上提出的问题。比如《记念刘和珍君》中的"记念"为什么不是"纪念"，有的年轻老师对此没准备，可能会随便找个理由搪塞过去，但如果这样的情况一而再再而三地发生，学生就会觉得老师不靠谱，知识功底不扎实。一旦学生产生这种印象，你在学生面前就很难立足了。

第二，坚持阅读。 有一年寒假，我们给学生布置假期阅读书单，其中有一本书是叶圣陶的《文心》，结果我发现，很多语文老师竟然没读过这本书。还有的语文老师连《三国演义》都没有看过，一些阅读量大的学生可能比老师读的书都多。这肯定是不行的，作为老师，一定要保持大量的阅读，才能在课堂上给学生带来更多启发。除了学科方面的书籍，教师也要多多阅读教学方法、教育心理学方面的书籍。在阅读的过程中，还要做好读书笔记，记录自己的所思所想。想要成为一名优秀的教师，读书是必不可少的。

第三，抓住各种可以提升自己的机会。 有些年轻老师认为只要把课上好就可以了，对其他事情则不管不问。这其实是不对的，以后的路那么长，如果只关注上课这一亩三分地，不抓住各种机会提升自己,在今后的工作过程中,可能就会被逐渐淘汰。

那么,年轻老师可以抓住哪些机会呢?比如公开课、研究课、各种讲课比赛等,如果有机会,年轻教师一定要积极参加。有一些年轻教师在进校三到五年之后就脱颖而出,获得了诸多好评,如果研究一下他们的发展路径,你就会发现,他们抓住了每一个机会,扎扎实实地提高教学能力,自己也变得越来越自信。

特质:责任心会帮你迅速进入角色

·闫存林

通常来说,新教师入校之后,前三年是适应期,三年后,有些年轻教师会迅速脱颖而出,学校和学生都对他非常认可。但有的年轻老师却表现平平,在工作上没有取得耀眼的成绩,自己的工作激情也开始下降。

这样的差别究竟是什么因素造成的呢?有的老师觉得是因为自己的专业能力不足,或者遇到的学生不好,有的老师甚至开始怀疑自己是不是不适合教师这个职业。从我这些年的观察来看，一个新老师是否能快速适应角色，找到职业的乐趣，还是要看他的责任心强不强。

如果从事的是其他职业，那么你很可能是某项重要工作中的其中一个环节，但教师这个职业的特殊之处在于，你需要独立承担一到两个班级的整体教学任务，班级出了任何问题，你只能自己去面对。如果因为你缺乏责任心，最终导致学生对你不信任、家长对学校提出质疑，后果只能你自己承担。

十一学校曾经有一位老师经常出现长时间不处理学生作业的情况，比如让学生写一篇作文，过了一个月都没有给学生反馈。这样的行为，让学生觉得做作业完全没有任何作用，做了也不知道做得好不好。在填写关于老师的调查问卷时，很多学生在问卷中反映自己基本没有得到过这位老师的关注。最终，这位不关注学生、缺乏责任心的老师被调离了工作岗位。

这位老师没有及时给学生反馈作业情况，可能是因为教学任务重、时间紧，导致作业迟迟没有批改完成。但是，如果换作一个有责任心的老师，他至少可以细致批改一部分同学的作业，其他同学的作业则批一个"阅"字，并在课堂上解释说明，因为时间比较紧张，这次只改了一部分同学的作业，下一次再改另一部分同学的作业，并表示十分抱歉。不论发生什么情况，你一定要真诚地与学生沟通，告诉学生你为什么没有及时反馈作业，而不是没有任何理由地拖延。这些小小的细节，都是具有责任心的表现。

有责任心的老师，通常会在以下几个方面努力。

第一，认真备课。这意味着老师不仅是等着教研组、备课组一起备课，在此之前，他自己已经研读了很多内容。除了教研组统一研发的备课内容外，他还会额外准备很多资料，以防课堂上出现自己解决不了的问题。

第二，经常听课。有的老师一有时间就积极主动去听老教师讲课，提升专业能力和教学技巧。听课是一名优秀老师日常工作中不可或缺的环节，也是能让其快速成长的环节。

第三，与学生真诚交流。有责任心的老师会真诚地与学生交流，如果在与学生相处的过程中出现了什么问题，他一定会先自我反思，而不会把责任推给学生。

第四，不逃避学生的问题。面对课堂上学生提出的一时解答不出来的问题，有责任心的老师从来不会搪塞，而是坦然承认：这个问题我没想过，下次上课的时候老师告诉你答案。其实承认自己不知道一点都不丢人，但如果你掩饰、搪塞，哪怕是小学生也能看出来。

教育学上有一个词叫"首轮效应",指人们对一个人的认知首先依据对他的初步印象,再从中推演出他的其他特质。作为年轻教师,在刚刚进入教学岗位时,如果有一次责任心不强的表现,很可能要花很长时间去纠正你给别人留下的责任心不强的印象。所以,一开始有责任心的老师容易形成良性循环,课上得越来越好,学生也越来越喜欢你;一开始就缺乏责任心的老师很容易形成恶性循环,你不把教学当回事,学生也不会把你当回事,你觉得学生难教,学生觉得你不会教,最终你既无法做好教学工作,也很难获得学生的喜欢和认可。

如何快速和学生建立起良好关系

建立联系：在入学之前就开始了解学生

·闫存林

接手一个新班级后，很多老师都会在开学后的一两周内逐渐了解自己班上的同学。不得不说，这并不是一个好老师的做法。老师和学生关系的建立应该在学生踏入校园之前就做好。比如，有的学校会在假期提前把学生的名单发给老师，优秀的老师一般会在开学前两周就通过电话、短信、网络等多种方式与学生进行沟通，对自己接下来要教的学生有一个全面详细的了解。

老师与学生沟通的内容多种多样，大致可以分为以下三个方面。

一是关于学生个人的信息。比如，学生的兴趣爱好、家庭情况、性格特点、就学经历，等等。了解学生个人的大致情况，可以预先对学生有一个整体的认知，增强师生之间的熟悉感。在开学后，老师就能够凭借预先的了解，快速与学生建立联系。

二是关于老师所教授的学科。比如，历史老师会问学生喜欢看哪些历史剧；政治老师会了解一下学生最近在关注什么时事热点；而我作为语文老师，就比较关注学生的阅读情况，会问学生：你过去一年大约读过多少书？你最喜欢的一本书是什么？你下学期是否能向别的同学推荐一本你最喜欢的书……这样的沟通，也会促进学生之间的互相学习。比如，有的学生看到其他同学已经读过十几本书，自己却一本都没有读，可能就会利用假期多多读书。

三是关于学生的学习。比如，我会问学生：你过去在语文学习方面遇到的最大困难是什么？你希望老师帮助你改善哪些方面？你理想中的语文课是什么样子的？你希望你的语文老师是什么样子的？

老师既可以与学生一对一沟通，也可以在 QQ 群、微信群等，以调查问卷的方式进行沟通。如果在群里发布调查问卷，要注意所设置的问题是否具有私密性。比如，"你喜欢读什么书"就属于公开性问题；"你认为你的语文为什么没有学好"就属于私密性问题，很多学生没学好是因为懒惰、贪玩，这样直接在群里问他，他肯定不会诚实回答。类似这样比较敏感的问题，建议老师尽量在一对一沟通的时候询问。

把与学生建立关系的环节前置，对老师来说非常重要，这会让学生更容易接纳你。 有一次开学，我所带的新班级里有个学生对我说:"我第一次见到了 3D 版的闫老师。"正因为我提前与学生有过沟通,所以在见我第一面的时候,学生觉得这个老师是熟悉的。有了这种熟悉感,接下来的教学活动就很容易开展。如果你在开学之后才开始了解学生,学生就会觉得你并不关注他,他在你心里不重要,只是你四十多个学生中的一分子,而不是一个独立的个体。

实际上,学生成绩的提升跟他与任课老师之间的关系密切相关。很多时候,学生喜欢一门学科,愿意把它学好的重要原因,就是他喜欢教这个学科的老师。特别是低年级学生,他还没有意识到学习是自己的责任。他努力学习,对这个学科产生兴趣,更大程度上是因为这个学科的老师对自己很好,能够把他的每一个表现、每一点进步看在眼里。作为老师,如果不重视学生,学生也会漠视你所教的这门学科。

尽早熟悉:越早记住学生名字越好

· 闫存林

名字对每个人而言都有重要的意义,如果老师能够在开学之前记住所有学生的名字,对良好的师生关系的建立和教学工作的开展会有很大帮助。

第二章 | 新手上路

有的老师在每一次带新班级时，都会提前熟悉学生的资料，对着照片记下每一个学生的名字。开学之后，见到一个学生马上就能叫出他的名字，学生就会觉得特别惊喜：老师怎么就认识我了？他和老师的心理距离一下子就被拉近了。

如果老师没有提前熟悉学生的名字，有时就会遇到尴尬的局面。

我曾经有一个学生叫王韫（yùn）韪（wěi），我没有提前查读音，上课点名时，我凭直觉读作"王温伟"，结果没有人回答。我又叫了一遍"王温伟"，底下四十多个学生还是没有人回答。就在我犹豫的时候，有一个男生脸特别红地站起来说："老师，我叫王韫韪，特别不好意思，我一直怪我妈给我取这个名字……"这个男生真的很善良，如果碰到别的孩子，很可能会嘲笑我，让我下不来台，他反而向我道歉。这让我非常不好意思，连连跟他说对不起。

这次经历给我的教训特别大。从此，我拿到学生名单后，会先查一下每个名字的读音，尤其是生僻字和多音字。比如有的学生名字里有"茜"这个字，我就会提前去确认她把这个字读成"xī"还是"qiàn"，以保证不会念错学生的名字。

联想:快速记住学生名字的好方法

·华应龙

想要快速记住学生的名字,有一个好方法——联想。

我们班有个孩子名叫"疏桐",我就问他,你是不是出生在夜里呀?他很奇怪,华老师怎么会知道我是什么时间出生的?我就告诉他,苏东坡有一首词,其中有一句"缺月挂疏桐",是写夜景的,你的名字如果来自这首词,估计就是夜里出生的。还有个孩子名叫"京京",我就问他,你是不是在北京出生的呀?他说不是,我是北京人,出生在南京,所以叫"京京"。用这种联想的方式,能快速记住一部分学生的名字。

此外,在开学的第一节课上,我还会告诉学生:两周之后的第一节数学课,我们要进行一个姓名测试,到快下课的时候,我叫出名字的同学,就可以先下课去玩;我叫不出名字的同学,就要继续留下,这说明华老师对你的了解还不够,所以没能记住你。当然你也有责任,你的表现可能不够突出,没有让我记住你,所以我们还需要再了解沟通一下。这样做,一方面可以激发学生的学习动力,有的学生为了让我记住他,上课时表现得很积极;另一方面可以促进师生关系,有的学生在课间看到我,会跑过来跟我打招呼,提醒我他叫什么名字。当然,最终的目的,是督促老师在两周时间内记住所有学生的名字。

心理学家认为,听到别人叫自己的名字时,人的内心会产生喜悦感和满足感。在新学期之初,老师记住学生名字要越早越好、越快越好。**对学生来说,老师能叫出自己的名字,意味着对他的肯定和鼓励,这会促使他以后认真上好这个老师的课。**

北京十一学校前校长李希贵有一句名言,"教育学首先是关系学",因为"教育不是知识和人之间的事,更不是考卷和人之间的事,教育是人和人之间的事"。现在,你知道与学生建立良好的关系有多重要了吧?

怎样为学生上好开学第一课

开端：学好这门学科的意义

· 闫存林

开学的第一节课对每个老师来说都十分重要。很多老师习惯于直接切入本学期的课程内容，比如第一个单元的教学内容是诗歌，就直接开始讲诗歌。我觉得，这种方法不是最好的。开学第一课，更重要的作用是帮助学生解决一个根本性问题——我为什么要学这门学科？学好这门学科可以给我的人生带来什么？

这个问题看似比较虚，却至关重要。如果这个问题不解决，学生就很难明白，学习实际上是为自己而学，并不是老师、家长强加给他的任务。如果能够明白这门学科对自己的意义，学生就会主动学习，把"要我学"变成"我要学"。

以我自己为例。我是语文老师，在接手新班级的第一节课上，我通常会让学生先思考一个问题——为什么要学语文。

大多数学生的回答是"为了考试"，这说明他不是出于兴趣而学语文。我再继续问"你对语文有兴趣吗",有的同学说,他喜欢读书、读小说,但不喜欢上语文课,他不知道语文课能给他日后的人生带来什么价值。我就告诉他,语文这个学科可能会影响到你以后的幸福感。比如背古诗,会背很多首古诗和一首古诗都不会背的人,在日后人生中某个晒着太阳、享受阳光的时刻,获得的幸福感是不一样的。他问,哪里不一样?我说,在那一刹那,如果你有深厚的古典文学积累,那种幸福感、那种对人生的觉解度一定是不一样的。

比如,看到太阳落山,你可能会想到"夕阳无限好,只是近黄昏",眼前的阳光多么令人留恋,却持续不了太长时间,你能从中感受到古人曾经喟叹过的时不我待的心境;如果是一个人看夕阳,或许你还会想到"念天地之悠悠,独怆然而涕下",天地是无穷的,可人的生命是短暂的,和天地、自然比起来,人是多么渺小,你能从中体会到古人孤独悲怆的心境。如果没有读过这些古诗,你可能只会觉得那是一个普通的日落。

哲学家冯友兰在谈到人生境界时,提到了一个词"觉解"。[1]

---

1. 冯友兰《贞元六书·新知言》:"我们说:人之所以异于禽兽者,其主要底(的)一点,是人对于他的生活有觉解。……此所谓觉是自觉,此所谓解是了解。人做某事,了解某事是怎样一回事,他于做某事时,并自觉他是在做某事,这就是他对于做某事有觉解。……对于觉解底(的)觉解,就是对于思想底(的)思想。这种思想,如成为系统,即是哲学。"

我觉得这个词特别好,圣人和普通人有什么区别?圣人吃饭,普通人也吃饭;圣人劳作,普通人也劳作;圣人和普通人劳作的唯一不同,是圣人知道自己为什么劳作,而普通人的劳作只是为了维持生计。**觉解度不一样,对一件事的认知就不一样,从中所获得的感受也就不一样。**

我经常给学生讲一个故事:一个人奋斗多年,上大学,读博士,读 MBA,目标就是享受人生,在沙滩上沐浴阳光。一个渔民说,我这一辈子都是在沙滩上沐浴阳光,你折腾了一大圈,奋斗那么久,最后还不是和我一样吗?

有人认为,这个故事说明奋斗是无意义的。在我看来,这种观点是极其浅层次的。同样是在沙滩上晒太阳,一个渔夫和一个读过很多书的人,觉解度绝对不一样。渔夫的眼里可能只有这片海和头顶的太阳,但读过书的人面对大海,可能会想到海明威的小说《老人与海》中的主人公——年迈的老渔民圣地亚哥,想到"人可以被毁灭,但不能被打败",也可能会觉得人不应该困于功名利禄的争夺,海边这种日出而作、日落而息的生活才是最美好的,此时自己终于真正放松下来,真是"久在樊笼里,复得返自然"。

我跟学生们说,学语文或许没有办法帮你解决实际的问题,不能教你怎么修水管、怎么开车、怎么做饭,但它能够让你感受到生活中的美,更深刻地理解人生与社会。你的生活会变得更有意义，你也会更容易发现世界的动人之处。

其他学科也是一样。比如英语可以帮助学生了解另一种文化，让视野变得开阔；数学可以让学生在思考问题时更有逻辑性……在开学的第一节课上，引导学生思考学习这门学科的目的，建立对这门学科长远意义——这个意义要与学生日后的人生形成深层次的关联——的认知，是十分必要的。

培养：帮助学生养成良好的学习习惯

· 闫存林

很多中学老师有一个误解，觉得学生们上过小学或者初中，应该已经养成了良好的学习习惯，不需要再一遍又一遍强调了。实际并不是这样，每个阶段的学习特点不同，学生要掌握的学习习惯也不一样。对于初中高年级或者高中的学生，我一般会在第一堂课上强调以下几个方面。

第一，做笔记的方法。学生之前做笔记的方法五花八门，最常见的是把老师上课讲的要点都记下来。在第一节语文课上，我一般会建议学生使用"康奈尔笔记法"，又叫"5R笔记法"（参见表2-1）。

这种方法把一页纸分成这样几个部分：右边面积最大的部分是上课时做笔记的"笔记栏"；左边竖着的空间是"线索栏"，用于课后复习时，归纳上课内容，理出线索；下面横着的一栏是"总结栏"，用于课后复习时，简单总结这一页的内容。等到日后复习时，学生可以把"笔记栏"的内容遮住，只看"线索栏"，检测自己能不能回忆起这一页的内容。

表2-1 康奈尔笔记法示范

线索（副栏） ·主要想法 ·提问 ·图表 ·帮助回忆的提示 用途： 简化（Reduce） 背诵（Recite） 何时填写： 课后复习时	笔记（主栏） ·听讲记录 ·读书内容 用途： 记录（Record） 何时填写： 听课时
总结 ·记录最重要的几点 ·写成可以快速检索的样式	用途： 思考（Reflect） 复习（Review） 何时填写： 课后复习时

这种做笔记的方法很便捷，不但对学习帮助很大，将来学生走上工作岗位，也可以用这种方法记录工作内容。这不仅是教给学生记笔记的方法，更是教给他慧益一生的学习方法。

在日常教学中，我发现有的学生随便拿张草稿纸做笔记时，也会特别提醒他，不要这么潦草地对待自己。记笔记虽然看上去是小细节，但对他日后学习资料的整理、复习有很大好处，甚至对他一生的发展都会产生重要影响。

第二，时间观念。 我曾经在学生中发起过一个活动——小小签到，要求学生坚持阅读100天，并且每天都要打卡。学生可以自己选择要读的书，在接下来的100天里，每天不管读多长时间、多少页，只要读了，就可以打卡，记录读书的页数和读书的心得，完整打卡100天的学生有奖励。这看上去只是一个小活动，实际上对学生的时间观念的养成、毅力的培养很有帮助。我希望学生明白，自己定下的目标，不管什么时候，无论发生什么，一定要完成。

一开始报名阅读打卡的学生有一百多人，最后完整打卡100天的学生只有四十多人。这四十多名同学都有很强的时间观念，知道怎么做好时间管理，也有坚持不懈的毅力。

这种精神也在他们学习、生活的方方面面表现出来。后来我发现，上高三后，完成100天阅读打卡的学生在时间管理上做得非常好，从没出现不交作业的情况。所以，每次开学第一课，我都会要求学生养成良好的时间观念。

第三，练字。 俗话说"字如其人"，我们往往能够从一个人的字迹中大致判断出他的性格。一般而言，一个学生的字写得工整干净，意味着他的学习态度端正认真，学习能力也比较强。

字迹对学生来说还有特殊的意义——字迹和考试成绩基本成正比。在高考中，尤其是语文考试中，因为字写得不好，丢 5～15 分是特别常见的事。从长远来看，字写得好，对学生日后的人生也大有裨益。

当然，培养好习惯是一个长期的过程，学生还都是孩子，需要老师反复教导。但是，在开学第一节课上，向学生讲清楚希望他们在接下来的几年时间里养成什么样的学习习惯，会让学生树立一个目标，并朝着这个方向努力。

规则：提要求时要注重"登门槛效应"

·华应龙

在开学的第一节课上，老师通常都会给学生提出一些要求。但要注意的是，你提的这些要求不能过高，最好符合"登门槛效应"。"登门槛效应"指的是一个人一旦接受了别人的一个很小的要求，那么，为了在对方心中留下前后一致的印

象，接下来在别人给他提更高的要求时，他会更容易接受。

以我为例。小学生往往精力旺盛，很容易被其他事物吸引。所以，我会要求学生们在课堂上集中注意力，眼睛跟着声音走，声音在哪儿，眼睛就要看哪儿。老师在教室后面讲课，你就要看后面；左边有同学发言，你就要看左边。

此外，一般的老师会要求学生"上课好好听"，我还会要求他们"上课好好想"。虽然只是一字之差，但学生的感受是不一样的。你如果要求他好好听，那么他很可能只听不思考，达不到好的效果。正如《论语》所说的，"学而不思则罔"，如果只学习、不思考，就会感到迷惘。所以，我要求学生上课时一定要仔细琢磨老师讲的内容，哪怕想错了也不要紧，重要的是思考的过程。很多学生学习不好，认为自己太笨了，但有时候他只是"积懒成笨"，因为长期不动脑子，所以上课听不懂，还误以为是自己笨。

作为数学老师，我还会对学生提出针对数学这个学科的要求：写作业的时候，每个等号的长度都是 8 毫米。因为数学作业中等号出现的次数很多，要保证每个等号的长度都是 8 毫米，那么学生做作业的时候，心一定是静下来的。而且，如果等号写得很规范，整个作业的版面看起来就会非常整洁。

这些要求背后都是所谓的"登门槛效应"。我会提出一个比较低的要求,让学生觉得这么低的要求,不答应都不好意思。只是一个小小的要求,却能培养学生良好的学习态度和学习习惯,也能让他在学习的时候心定下来,一举多得。

上完了开学第一课,就要进入常规教学了,上好一堂课的前提,是充分的备课。备课有三备:备教材、备学生、备教法。接下来,我们来详细了解一下教师应该如何备课。

怎样备课才能备得充分

备教材：两本有用但常被忽视的参考书

·华应龙

新手老师在刚开始教学时，面对教材，可能会产生两大疑问：教材上的这些东西哪些是重点，哪些是难点？我要把学生教到什么程度才算合格？这些问题必须明确，但很多老师不知道去哪儿找答案，因为他们忽略了两本重要的参考书：教参[1]和课标[2]。

每本教材都有其辅助的教学参考书，一般简称为"教参"。这本书每个老师都有，但很多老师都不看，觉得教参没有用。这种观念是不对的。每本教参都是由国家组织全国各地的优秀教师编写的，他们与编教材的是同一批人。所以，

---

1. 教参一般名为《XXX教师教学用书》，比如小学一年级上学期语文的教参就是《一年级（上）语文教师教学用书》。
2. 每个阶段、每个学科都有自己的课程标准，比如高中语文的课标为教育部制定的《普通高中语文课程标准》，小学数学的课程标准是《义务教育小学数学课程标准》。

教参对老师把握整个教材特别有用。教参指出来的难点，大概率就是学生在学习时容易出错的地方。

比如，小学数学有一节课讲的是小数的除法，教参会提醒老师，学生很容易在"移动小数点"这里出错。比如，0.025除以0.05，一个三位小数除以一个两位小数，要移动小数点，是移动三位还是移动两位？在实际的教学中，这里也确实是学生容易出错的地方。

除了教参，每个学科的课程标准也是老师必须经常翻阅的参考书。这本书会告诉老师，学生要学到什么程度才算合格。比如，小学数学有一节课讲的是统计的相关知识，课标要求学生学完这节课后，达到三个标准：

1. 能从统计的角度思考与数据有关的问题；

2. 能通过收集、描述和分析数据的过程，做出合理的决策；

3. 能对数据的来源以及收集、描述数据的方式进行合理的质疑。

有的老师是这样设计课程的。

他先设定了一个情境：

我是学校篮球队队长，朋友送给我一张篮球比赛的门票。我儿子也是篮球迷,他也想去看比赛,那么究竟让谁去呢?儿子看到桌上有一个啤酒瓶盖,对我说:"爸爸,我们抛啤酒瓶盖来决定吧,锯齿面朝上我去,光面朝上您去。"

你认为谁去的可能性大?

然后,老师让学生尝试抛瓶盖,抛10次为一组,看锯齿面朝上的次数多还是光面朝上的次数多。最后,6个小组的学生得出的结论都是锯齿面比光面朝上的次数多。所以,爸爸和儿子谁选了锯齿面,谁去看篮球比赛的机会大。

这堂课能不能算好呢?我们对照课标来看一下。通过这节课,学生达到了课标要求的第一项和第二项,但是没能达到第三项。也就是说,这节课是存在一定缺陷的。

为了能够让学生达到课标的第三项要求,我在原本的情境设定的基础上增加了一些内容。在学生得出结论后,我拿出一个鸡毛毽子,问学生:如果抛这个毽子,鸡毛面朝上的可能性大还是光面朝上的可能性大?学生们一下子就明白了,肯定是鸡毛面朝上的可能性大,因为鸡毛面和光面的重量不一样。抛啤酒瓶盖的原理和抛毽子一样,锯齿面和光面的重量不同,所以锯齿面朝上的次数多。

加上这部分内容后,老师就可以引导学生反思:如果两个人想要公平地决定谁去看篮球比赛,能不能通过抛啤酒瓶盖来一决胜负呢?当然不能,啤酒瓶盖必然会使选择锯齿面的人赢的概率大。要想让两个人赢的概率相等,就应该采用两面重量一致的硬币。这样做,就达到了课标要求的第三项标准:能够对收集、描述数据的方式进行合理的质疑。

教师是一个非常专业的工作,教参和课标是重要的参考书,新老师一定要从这两本书入手,打好专业基础。如果新老师连这两本书都不看,那么教学就会成为无源之水,无本之木。

备学生:探明学生已知什么并据此而教
· 华应龙

爱因斯坦说过:"我不能容忍这样的科学家——他拿起一块木板,选择最薄的地方,在最容易钻孔的地方钻许多孔。"在教学中,很多老师完全没有把握住教学内容的重点和难点,花不少时间去讲学生已经掌握的知识,对于学生不会的知识却草草带过,相当于在"最容易钻孔的地方钻孔"。学生上完课,原来知道的依然知道,原来不知道的还是迷迷糊糊。

从表面上看,这是老师对教学内容的把握不到位,实际上却是老师对学生知识水平的了解不到位。**备课的一大重点在于"备学生"，老师应该在日常教学中，通过各种方式感知学生的知识水平，据此决定在课堂上重点讲什么。** 正如美国著名教育学家奥苏贝尔所说的："影响学习的唯一重要的因素，就是学习者已经知道了什么。要探明这一点，并据此进行教学。"

比如，小学六年级数学中有一节课"圆的认识"。教材中有一道题是这样的：r表示一个圆的半径，d表示这个圆的直径，请你在空格处填上相应的数字（参见表2-2）。

表2-2 圆的认识练习题

r（半径）	0.24		0.52		2.6
d（直径）		0.86		1.42	

这道题并不难，直径是半径的2倍，所以答案是（参见表2-3）：

表2-3 圆的认识练习题答案

r（半径）	0.24	0.43	0.52	0.71	2.6
d（直径）	0.48	0.86	1.04	1.42	5.2

在备课的时候，老师就要考虑，这道题要不要让学生在课堂上做，并且当堂讲解。

很多老师认为,这道题考查的是"圆的直径是半径的二倍"这样一个新的知识点,所以需要讲。但是,如果稍微考虑一下授课的对象,你就会意识到,对于一个小学六年级的学生来说,"圆的直径是半径的二倍"并不是一个非常难的知识点,让学生做这道题,与其说是帮助他们掌握这个知识点,倒不如说是帮他们练习一个数字乘以2、除以2的计算。这对六年级的学生来说太简单了,这道题完全可以不占用课堂时间。

老师常常好为人师,以为不讲学生就不会。但俗话说"熟能生厌",在这道题上浪费时间,就像在木板的最薄弱处打了一个孔。

又比如,小学四年级有一节课讲的是"计算器的使用"。有的年轻老师会按照教材从头开始讲,教学生计算器的开关机,1、2、3等属于数字键,+、×、=等属于符号键,显示数字的地方叫作"显示屏",两个数的加减乘除应该如何操作,等等。

在备课时,只要稍微考虑一下讲课的对象,你就会意识到,在教育比较发达的地方,以上这些内容对于小学四年级学生来说十分简单。老师就算不讲,学生也能够快速看明白并学会运用,老师讲了反而会让学生觉得这堂课"没劲"。

那么,这节课需要讲什么呢?重点应该是计算器存储数据、提取数据的功能。

比如这道题，2345−39×21=？到底答案是多少呢？正确的算法是先算 39×21=819，然后再算 2345−819=1526。但如果按题目上从左往右的顺序在计算器上按数字键，计算器就会先算 2345−39=2306，然后再算 2306×21=48426，最终得出错误的答案。

为了得到正确的结果，老师重点要教的，是如何使用计算器来存储数据、调取数据。计算器上有两个键"M+"和"MR"，分别是存储数据和调取数据。以上面那道题为例，先按 39×21，计算器上显示结果是 819；然后按"M+"，计算器就会把 819 这个数字存储下来；接着按"2345−"，再按"MR"，就把 819 调出来了，计算器就会计算 2345−819=1526。

然后，老师可以让学生多练习几道题，例如 20655÷（27×45）=？39876+245÷5=？

我一直认为，"教是因为需要教"。老师在备课时，一定要了解清楚学生的知识水平，教的内容一定是学生之前不知道、不熟悉的，使学生在下课走出教室的时候，脑子里的知识容量大于走入教室的时候。

当然，对于新老师来说，判断学生的知识水平可能并不是一件容易的事。你可以通过看书、请教自己的师父，或者在班里做小调查等方式来帮助自己进行判断。在集体备课的时候,你还可以把自己的备课内容拿出来,请有经验的老师帮忙判断是否适合学生。

另外需要注意的是,不同地区、不同学校的学生水平可能相差很大,没有老师可以"一本教案打天下"。如果要去给别的学校,甚至别的省份的学生上课,在备课时一定要充分了解当地学生的学习水平,对教案做出有针对性的修改。

备教法:教学设计要巧妙"蓄势"

· 华应龙

近些年"用户体验"这个词非常火,它强调在做一件事或一件东西的时候,要时时刻刻想到这件事的受众或这件东西的使用者的感受。对于老师来说,学生就是用户。学生的体验好坏直接决定了他能吸收多少知识,而学生的体验如何,在很大程度上是由教学设计决定的。

好的教学设计不是流水账似的把知识灌输给学生,而是设置具体的情境,一步一步引导学生的好奇心。正如水库里的水,先是一点一点增加,进行"蓄势"。等储水量达到一定程度、形成一定"势能"后,老师及时开闸放水,把关键知识点讲出来,学生们恍然大悟,知识的传授水到渠成。

比如,小学数学有一节课讲的是分数,其中有两个重要的知识点:分数的意义和分数的相对性。[1] 很多老师设计的教学环节类似于这种:

> 师:早在两年前的三年级,我们就对分数进行了初步的认识,今天我们就来再一次认识分数。同学们,你们能用画图法表示 3/4 吗?

> 生:把一张正方形纸平均分成四份,其中的三份可以用 3/4 表示。

> 师:说得真好,把一个整体平均分成若干份,其中的一份或几份,可以用分数表示。这就是分数的意义。

> 师:下面我们进行一场小小的比赛。每个小组都已经准备好了一个文具袋,里面有一些文具。听清比赛规则,请大家分别拿出每盒铅笔总支数的 1/2。比赛开始,看哪个小组动作最快!

---

[1]. 分数的意义指的是,任何物体、图形、计量单位都可以看作一个"单位1",将"单位1"平均分为几份后,表示这一份或者几份的数就可以称为"分数"。分数的相对性指的是,分数可以表示整体与部分之间的比例。如果分数对应的"整体"不同,那么分数所表示部分的大小或具体数量就不一样。

师：请每个小组派一个代表，汇报你们小组是怎么拿的，拿出了几支铅笔。

组1：我们把总支数除以2，拿出了一半是2支。

组2：我们把总支数除以2，拿出了一半是4支。

师：你们发现了什么现象？有什么疑问吗？

生：我发现拿的都是1/2，拿出的支数不一样多。

师：现在每组代表把所有铅笔都拿出来，告诉大家盒子里铅笔的总支数是多少。

组1：我这个盒子里全部的铅笔是4支，全部铅笔的1/2是2支。

组2：我这个盒子里全部的铅笔是8支，全部铅笔的1/2是4支。

组3：我这个盒子里全部的铅笔是6支，全部铅笔的1/2是3支。

师：请同学们认真观察这组数据，你们发现了什么？或者说什么在变，而什么没有变呢？

生1：我发现拿出的都是1/2，总支数在变，拿出的支数也在变。

生2：我发现如果总支数相等，拿出的支数也是相等的。

师：对，这就叫作分数的相对性。

这样的教学设计主要采取了归纳法，能够把知识点讲清楚，但由于"造势"不够，对学生的吸引力也就不够，学生很容易走神。

我在讲这堂课时，设置了这样的教学环节。我给每个学生发了一张卷子，卷子上有三道题：

第一题：请你用笔圈出这堆苹果的2/3。

第二题：请你用笔圈出这堆月饼的4/6。

第三题：请你用笔圈出这堆橘子的3/4。

然后我问学生，这些题会做吗？学生们都回答"会做"。

我就找一个同学来回答第一题圈出几个，她说4个，然后我问全班同学"有没有不同答案"，大家都说"没有"。

我又找第二个同学回答第二题圈出几个，他说8个，我又问大家"有没有不同答案"，大家也都说"没有"。

到了第三题"圈出这堆橘子的 3/4",回答问题的同学说"应该圈 9 个"。这时候就有同学反对了,说"不对,应该圈 12 个"。我问到底圈几个,大部分同学说 12 个,一开始说 9 个的孩子有点犹豫,沉默起来。我用眼神鼓励那个说 9 个的孩子,问他:"勇敢地说,你认为应该圈几个?"他说"9 个"。这样一来,那些说 12 个的同学又不说话了。

这时候,我面向所有同学问:"到底谁才是对的?"课堂上有些许骚动。有的同学前后左右看看别人的卷子,大声说:"华老师,卷子发错了,最后一道题大家的题目不一样,有的同学卷子上是 16 个橘子,有的是 12 个橘子。16 个的 3/4 是 12 个,12 个的 3/4 当然是 9 个了。"

这就是我的教学设计。我发给学生的卷子上,前两道题一样,第三道题却不一样,有人拿到的是 12 个橘子,有人拿到的是 16 个橘子。为什么在学生回答完前两道题之后,我都要问一句"有没有不同答案"?就是为第三道题"造势"。

学生们都笑着说"老师你真坏",我也跟着大家一起笑,享受那种快乐的氛围。

这里我特意留出几秒钟让孩子们笑,享受找到答案之后的快感,刚才没跟上的孩子也可以利用这个间隙把"真相"弄明白,然后我再顺势引导,这节课的重要知识点就呼之欲出了。

讲课时的节奏感很重要。在备课阶段，老师就可以把一个停顿、一个眼神这些细节设计进去。比如，一句话，老师笑着说和板着脸说，效果就很不一样；讲到一个知识点时，老师停顿两秒钟，给学生一点思考时间，学生对接下来的答案就会有所期待……新老师一定要注意去感受课堂节奏的不同。

笑完之后，我问孩子们有什么收获，这时大家都非常活跃，有的孩子说："我知道了，虽然都是3/4，但是整体不同，圈的个数就不一样。"这时，课堂上的"势能"达到了最大值，就像水库的蓄水池蓄满了一样，急需开闸放水。于是我顺势告诉大家，这就是分数的相对性。分数是一个比例，比如2/3，虽然比例一样，但它对应的个数是不确定的，随着整体数量的变化而变化。

我继续问大家还有什么收获，有的孩子说："虽然圈的个数不一样，但都是把整体平均分成4份，圈了3份，都用3/4表示。"我说："对，这就是分数的意义。"这时两个知识点都已经讲出来了，但我没有就此打住，而是继续问大家的收获。有个学生站起来说："我以后就知道了，只要认真思考过，就不要轻易放弃。"我更高兴了，表扬这个孩子："太好了，这就是数学的精神，1是1，2是2，要相信你们独立思考过的结果，这就是求真。"

"敢为天下先"是一种好的品质，但我认为，作为老师，在课堂上恰恰要"不敢为天下先"。在课堂上，关起门来，教室就是老师的王国，但在这个王国里，你不要急不可耐地一上来就把知识倒给学生。教学设计要巧妙"蓄势"，先给学生出几个简单的题目，让学生觉得已经掌握了这一节课的内容。然后，再设计一个挑战学生认知的问题，让学生产生疑惑，追问"为什么会这样"。接着，让学生通过自己的探究去发现问题的答案。最后，老师再加以总结提炼，帮助学生加深印象。

在"分数"这节课上，学生们发表完自己的意见后，我又把这节课的意义拔高了一层。我对他们说，这节课也给了老师一个启发，当你听到一个不一样的声音时，别人不一定错，你也不一定对，如果你能站在别人的角度去想一想，很多事你就明白了。

作为一名新手教师，进入学校后，你要意识到，你不是一个人在战斗。有的学校实行集体备课，你可以利用全年级集体备课的机会向老教师请教。有的学校会给新教师配一个"师父"，你也可以多向师父请教备课和上课中遇到的问题。

上好一节课是教师工作中最重要的环节，如果课上得好，你就会受到学生的欢迎；如果课上得不好，你在课堂上就会遭遇尴尬。正如网友调侃老师的段子——课堂上，老师微笑着对全班同学说："吵着要放学的同学不要慌，不会拖堂。请吃方便面的同学不要聊天了,叫后排打扑克的同学安静下,以免影响前排同学睡觉。靠窗看风景的同学,喊下操场打篮球的同学,我好布置作业。"

怎样为学生上好一节课

基础：教师要有驾驭和组织课堂的能力
·罗滨

很多新手老师，尤其是专业能力比较突出的老师，通常有一个误解：我自己学习好，那我带出来的学生肯定成绩好。但有时候结果却不尽人意。如果一个老师驾驭和组织课堂的能力欠缺，那么他在知识的传授上就会大打折扣，所讲的内容不能被学生很好地理解吸收，学生的成绩自然不会提高。

驾驭和组织课堂的能力包括很多方面。

第一，观察学生的姿态。优秀的老师会在上课过程中观察学生的姿态，从中大致了解学生对知识的掌握程度。比如你是一个化学老师，在讲二氧化碳的物理属性和化学属性时，大部分学生都聚精会神地看着你，有的学生还频频点头，这意味着他们都听明白了。但等你讲到二氧化碳与水发生反应生成碳酸时，有的学生看起来没有在认真听讲，这说明他可能在某个地方没跟上；或者有的学生一直不抬头，皱着眉头在纸上写什么东西，那可能是因为刚才某个知识点他没听明白。这时，你就要考虑一下刚才讲的内容是不是有点儿难懂，需不需要重新说明一下。观察时间久了，你甚至可以从学生的眼神里看出他有没有听懂。

第二，关注学生在课堂上学习知识的进度。在课堂上，老师要随时关注学生学习知识的进度，这样才能更好地分配时间。比如，你让学生用10分钟讨论在《石灰吟》这首诗"千锤万凿出深山，烈火焚烧若等闲。粉身碎骨浑不怕，要留清白在人间"中，一共发生了几次化学反应。到了第7分钟，各个小组差不多都停止讨论了，这时你就不需要一定让学生讨论够10分钟，而是及时进入分享答案环节；但如果已经过了八九分钟，各个小组完全没有停下来的意思，你就可以适当延长讨论的时间。

第三，引导学生说出自己的思考过程。除了分享答案，老师还要引导学生把思考过程说出来，培养学生思考问题的能力。我曾经带领学生做过一个实验，探究二氧化碳和过氧化钠的反应条件。我把学生分为两组，让这两组学生设计实验过程和实验装置，结果两组的设置完全不同。这时，老师一定要让两组学生各自讲清楚为什么要这样设计，当时的想法是什么。有时候，学生这么做是有意识的；还有的时候，可能他自己也不明白为什么这么做。面对这种情况，老师不能随意说几句敷衍过去,而应该帮助学生剖析设计时的思路和方法。作为老师,我们不仅要告诉学生最终的答案,还要培养学生思考问题的方法。

此外,在课堂语言上,老师也要时刻记住以学生为主体。比如给学生布置任务,可以说"下面我们用10分钟时间来讨论一下这个实验方案",而不是"下面给大家10分钟时间,你们赶紧讨论出一个方案"。在课堂上,老师要多用"我们"做主语,而不是"你们"。一定要记住,自己是在带领学生一起学习。

板书:教师上课的思维导图

·叶德元

现在大部分课堂都会使用PPT,老师会把需要补充的资料、图片、视频等放在PPT里。有的老师认为,这样一来,我们就不需要黑板,也不用写板书了,一个PPT就把所有要讲的内容都承载了。这种想法是不对的,至少对于新手老师来说,板书能够极大地帮你理清上课的思路。

通常来说,一节课会围绕一个核心概念或核心问题进行。

比如,"秦统一六国""第一次世界大战"等。板书就是老师的思维导图,可以避免课堂的随意和零散。

我比较提倡老师用思维导图的方式来写板书。比如"秦朝中央集权的形成"这堂课,用思维导图呈现出来的板书内容十分丰富(参见图2-1)。

而传统的板书写出来就比较简单:

一、秦朝的统一

1. 统一的原因

2. 统一的意义

二、秦朝的政治制度

1. 皇帝制度

2. 三公九卿制度

3. 郡县制

三、秦朝巩固统一的措施

1. 统一文字

2. 统一度量衡

我能做教师吗

秦统一中国

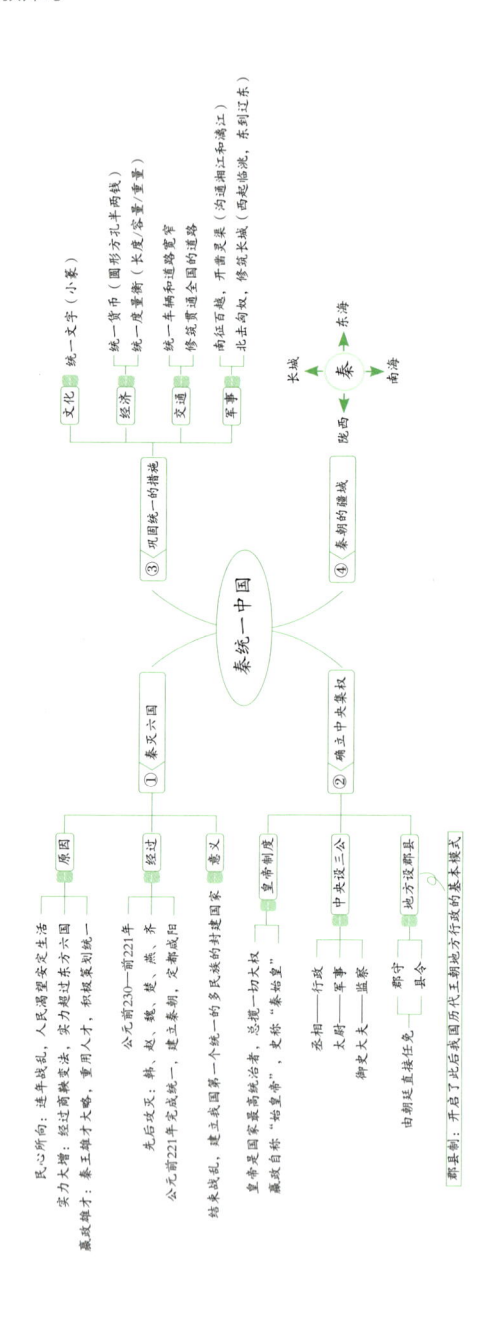

① 秦灭六国
- 原因
  - 民心所向：连年战乱，人民渴望安定生活
  - 实力大增：经过商鞅变法，实力超过东方六国
  - 嬴政雄才：秦王嬴政大略，重用人才，积极策划统一
- 经过
  - 先后攻灭：韩、赵、魏、楚、燕、齐
  - 公元前230—前221年
  - 公元前221年完成统一，建立秦朝，定都咸阳
- 意义
  - 结束战乱，建立我国第一个统一的多民族的封建国家

② 确立中央集权
- 皇帝制度
  - 皇帝是国家最高统治者，总揽一切大权
  - 嬴政自称"始皇帝"，史称"秦始皇"
- 中央设三公
  - 丞相——行政
  - 太尉——军事
  - 御史大夫——监察
  - 由朝廷直接任免
- 地方设郡县
  - 郡守
  - 县令
  - 郡县制：开启了此后我国历代王朝地方行政的基本模式

③ 巩固统一的措施
- 文化：统一文字（小篆）
- 经济：
  - 统一货币（圆形方孔半两钱）
  - 统一度量衡（长度/容量/重量）
- 交通：
  - 统一车辆和道路宽窄
  - 修筑贯通全国的道路
- 军事：
  - 南征百越，开凿灵渠（沟通湘江和漓江）
  - 北击匈奴，修筑长城（西起临洮，东到辽东）

④ 秦朝的疆域
- 陇西 — 长城 — 东海 — 南海（秦）

图2-1 "秦朝中央集权的形成"思维导图

这样对比来看，思维导图的板书风格有哪些好处呢？

第一点，很明显的是，它能容纳更多的信息。比如"中央设三公"中的"三公"包括丞相、太尉、御史大夫。这些信息对学生来说很重要，但传统的板书为了简洁，很难容纳进来。

第二点，也是最重要的一点，就是思维导图和传统板书的"第一、第二、第三"在思维方式上完全不同。

传统板书的思维方式是按照事情发展的逻辑。比如，要了解秦朝中央集权制的形成与发展，要从秦统一六国开始说。秦究竟是怎么统一六国的？原因是什么？意义有哪些？接下来，统一六国后，秦朝建立了哪些政治制度？再接下来，秦朝为了巩固统一，实施了哪些措施？整个逻辑层层相扣。

而思维导图的思维方式是从一个核心开始发散。比如，从"秦统一中国"这个核心发散出四个部分，"秦灭六国""确立中央集权""巩固统一的措施""秦朝的疆域"，这四个部分是并列的。在这个大的框架下，每个部分再往外发散，直到把所有重要内容都穷尽。

放射性思考是人类大脑的自然思考方式。每一种进入大脑的资料都可以成为一个思考中心，并由此向外发散出成千上万个节点。每一个节点都既与中心主题连接，又可以成为另一个中心主题，再向外发散出成千上万个新节点。**思维导**

图是一种发散性立体结构，这种把思维形象化的方式，更有利于学生知识体系的形成。

另外，老师的板书还会给学生起到示范作用。学生看到老师做的关于"秦统一中国"的思维导图，将来他自己读书，比如读到唐太宗如何造就了大唐盛世、晚清政府如何腐败时，他就可以试着用思维导图的方式进行知识梳理。

叶德元老师经历过一件让人印象深刻的事：有一年，他担任一个班的历史老师，那个班的班主任非常爱孩子。某一天的天气比较冷，晚上八点左右，班主任看到一个学生只穿着一件单衣，外套挂在椅背上，就小心地走到这个学生旁边，拿起外套要给他披上。没想到，这个孩子突然站起来在教室里跑，班主任就拿着衣服在后面追。就这样跑了好几圈，过程中还有学生伸出腿来想要绊倒班主任。后来学生告诉叶老师，班主任上课只会照着《教材全解》念，大家都不喜欢她。

这位老师上课时只会照本宣科，哪怕她很爱学生，孩子们仍然不喜欢她。那么，作为老师，应该如何使用教材、教参，避免照本宣科呢？我们一起去看看罗滨老师的方法。

内容：用教材而不是教教材

· 罗滨

一个老师要想获得学生的认可和喜欢，最重要的是把课上好。而上好课的要点之一，就是不能一味照着课本和教参重复讲授内容。

那么，老师究竟应该怎么讲课呢？

以我所教的化学课为例，高一化学有一堂课讲的是元素周期表。照着教材讲的老师会这样上课：先讲世界上第一张元素周期表是俄国化学家门捷列夫画出来的；然后讲"周期"和"主族"。元素周期表有7个横行，叫作"周期"，同一周期的元素的电子层相同，其中短周期有3个，长周期有4个。元素周期表有18个纵行，叫作"族"，族有"主族"和"副族"之分……这样滔滔不绝地把所有知识点讲一遍，老师口干舌燥，学生们昏昏欲睡。

而优秀的老师会提前设计好教学环节，通过与学生的互动，引导学生自己探究知识，发现规律。

同样是讲元素周期表，有的老师会带领学生仔细观察这张表，让学生自己找出同一竖行的元素和同一横行的元素各有什么特征，从左到右有什么变化；有的老师还会提前把元素周期表中的元素做成一张张卡片，把卡片打乱后，让学生用这些卡片正确地拼出元素周期表。通过这些方式，学生能够充分发挥主观能动性，通过自主探究获得的知识也更容易记住。

> 经验丰富、对教材把握十分透彻的老师有时甚至可以抛开课本，完全从日常生活和学生的兴趣点出发，让他们愉快地学习知识。华应龙老师就曾经这样给学生上过一课。

灵活：从日常生活中取材进行教学

· 华应龙

小学数学有一堂课讲的是连乘问题，教材上的题目是这样的：一个方阵有 5 行，每行有 4 个人，请问 3 个方阵一共有多少人？

正确的解题方法应该是 5×4=20，每个方阵有 20 人，然后 20×3=60，3 个方阵一共有 60 人。教学的重点在于让学生理解三个数相乘的思路。

有一次，我去一所小学给学生们讲这堂课。面对陌生的同学，为了引起他们的兴趣，我直接抛开课本，设置了一个崭新的情境。我问班上的学生：我们班上一共有多少人？学生说：50 人。我又问：那咱们全校学生有多少人呢？学生们全都摇摇头说不知道。这时,我就引导学生去问前来听课的校长,获得一些辅助性资料。校长说,全校一年级到六年级,每个年级有 4 个班,此外还有 2 个学前班。

有的同学想出了解决方法:

全校班级数 = 年级数 × 每个年级的班级数

全校人数 = 全校班级数 × 每班的人数

按照这个思路,该学校的班级数是 6×4=24,再加上 2 个学前班,一共 26 个班;每班大约 50 人,50×26=1300,所以全校学生总人数大约是 1300 人。

得出这个结论后,我对学生们说:现在我们算出来全校学生总共 1300 人,这个结论对不对呢?我又问校长:咱们学校的学生到底有多少人呢?校长说:1280 人。

这个答案与 1300 人十分接近,同学们一下子变得很兴奋。凭借自己学到的知识解决一个实际的问题,比单纯把课本上的内容学一遍更有收获感。这样的讲课方式自然更受到学生欢迎。

教材对于老师而言,只是一个辅助资料。老师要学会用教材进行教学,而不仅仅是教教材。这是一条十分漫长的路,需要老师在教学中不断体悟。

对象：让各个层次的学生都听懂

·叶德元

我曾经听过这样一堂数学课：讲课的老师逻辑思维能力非常强，刚把直角三角形的概念和勾股定理的公式 $a^2+b^2=c^2$ 讲完，他就在 PPT 上放了五道练习题，然后马上提问"第一题怎么做？"脑子快的同学马上举手答对了这道题。这位老师非常满意，继续提问第二题。这堂课看似进行得非常顺利，但其实大多数学生并没有学明白。没回答问题的学生会想：第一题我还没想清楚，就有同学抢答了，而且还答对了；那后面四个题我就不用再想了，反正有人会答。所以，老师在上课时一定要注意，不能只带着尖子生往前走，要照顾到所有层次的学生。

具体到这堂课，老师应该怎么做呢？

要给学生留出做题的时间。比如给学生五分钟做题，一部分学生就可以通过做题来掌握这个知识点。还有一部分学生可能做不出来，那么老师还可以延长两分钟，让同桌之间互相交流，两个人对下答案，会的同学给不会的同学讲解一下，这样也可以帮助学生更牢固地掌握知识点。

还有一种情况，班里有些学生可能始终学不会，面对题目一直很迷惑。那么老师就不能继续停留在讲台上了，应该走到不会的学生那里，问问他："你在哪里卡壳了？我给你讲一遍，你学会了之后再给我讲一遍。"这样就把各个层次的学生都覆盖住了。

我当时听的那堂课，老师始终没有下过讲台。我能明显感觉到班上有几个学生没有听懂。一开始他们还在努力听，后来发现听不懂，索性不听了。等到后来老师让同学们互相交流的时候，他们都把头埋下了来。

老师在课堂上，一定要注意到各个层次的学生，不能把课推进得太快。相对于学生需要学习的知识，学校安排的课时绰绰有余，所以老师没必要着急讲课。有的老师喜欢尽快讲完一遍后，再进行一轮复习、二轮复习，但如果学生第一遍没有把知识学明白，无论复习多少次，效果都不会好。不如在第一次讲课的时候，就扎扎实实地让每个学生都学明白。

在大部分学校的大部分班级里，各个层次的学生都有，老师需要照顾到所有学生，细致地讲解知识点，以保证大家都能听懂。但这些知识点对于尖子生来说没有挑战性，反而会影响他们学习的积极性。

为了解决这个问题，很多学校会根据学生的学习水平，把班级分成快班和慢班。这本来是为了因材施教，却逐渐演变为给快班分配最优秀的老师，保证这批学生能够顺利升学，而弃慢班的学生于不顾。这导致了一种教育上的不公平，最后快慢班制度被教育部喊停。

现在，部分学校开始尝试一种新的方式，在因材施教的基础上避免教育资源的不均衡。比如，北京十一学校现在就在尝试实行走班制，分层不分班。

在传统的教学模式中，每个老师都希望所有学生在自己这个学科上取得高分。但实际上，每个学生对自己未来的规划不同，对各个学科学习深度的要求也不同。十一学校据此进行了改革，把每个学科分为几个层级，学生可以根据自己的实际需求选择课程。

以高中数学为例，数学Ⅰ是高考文科的基本内容，如果这个学生未来想学人文学科，例如文史哲，他的数学选择学到这个层次就够了；如果这个学生未来想学经济、管理、工程类专业，对于数学的要求更高，他就可以选择数学Ⅱ这个层次；数学Ⅲ则更难一些，属于高考理科的基本范畴，如果这个学生是理科生，未来想从事编程等工作，就可以选择这个层次的数学课；数学Ⅳ比数学Ⅲ的层次更高，适合在数理方向比较擅长、能力较强的学生；数学Ⅴ是最高层次，如果这个学生酷爱数学，以后打算往数学家的方向发展，这个层次就很适合他。

语文、英语、历史、政治等其他学科也是以此类推，分为多个层次。十一学校会给每个层次分配相应的老师，学生可以根据自己的具体情况选择不同的课程。通过这种方式，因材施教和教育公平都得以实现。

语气：说话的节奏需重点训练

· 叶德元

讲课是一门技术，更是一门艺术。 把一节课讲得非常精彩，并不是容易的事。作为新老师，应该努力在讲课时做到抑扬顿挫，有节奏感和感染力。

有一次，我去听一个年轻老师的课，他的课程设计完全没有问题，但所有听课老师都觉得听得很累，为什么？因为他讲课没有节奏感。这个老师讲课的语言就像一条直线，没有抑扬顿挫，一味地平铺直叙，学生听了几分钟就昏昏欲睡。

当然，把话讲得抑扬顿挫这项技能并不是每个人生来就有的，如果刚入行时发现自己在这方面有所欠缺，就需要刻意进行训练。

我通常采取的方法是在上课之前多练习，边练边找感觉。

我能做教师吗

正如戏曲演员每天早上都会吊嗓子，舞蹈演员会对着镜子反复练习，观看自己的动作，老师也可以这样做。在准备四川省历史赛课的时候，我每天早上5点钟起床，在南山中学附近的一条河边对着鸭子讲课，把一节课的内容反反复复讲了很多次，找到上课的合适的节奏和感觉。在参加"十万教师大比武"时，我就对着镜子讲课，观察自己的表情和状态。新老师还可以等学生放学后，一个人在空教室里练习讲课，多去找感觉。

讲课的语气和节奏是新老师必须要过的一关，是优秀老师的基本功，新老师一定要想方设法把这项基本功练好。

除了叶老师介绍的方法，华应龙老师还给我们提供了一个方法。刚参加工作时，华老师为了提高自己的教学质量，曾经把录音机带进课堂，把自己的讲课过程录下来，课后分析哪里做得不好，哪里需要改善，下次上课的时候就尽量避免。

事实证明，这种方法十分有用。人对于自己的各种小缺点、小疏漏往往难以觉察。以旁观者的身份听自己上课的录音时，一些问题可能就会暴露出来。比如，讲课时是否口齿清晰，是否使用了方言，是否把一个知识颠来倒去讲了很多遍，等等。这个方法还有一个好处，新老师刚刚迈上讲坛，对于一节四五十分钟的课，往往把握不好节奏，前紧后松，或者前松后紧的现象时常发生。通过听自己的教学录音,就可以从中找到问题的症结。

突破:怎样让学生喜欢老师的课

·叶德元

有的老师在教学中会有这样的抱怨:不论我教学环节设计得多么巧妙,学习任务设置得多么有趣,学生就是不爱学习,只要是与学习有关的东西,他们都不感兴趣。实际上这是一种误解。学生都还是孩子,对很多事都充满了好奇心,也有很强的求知欲。造成这种结果的原因,是很多老师讲课的方式比较传统,只讲课标要求的重点,至于学生感兴趣的内容,他们觉得完全不重要。这样一来,学生的兴趣和课堂的内容就对不上。

我讲课一般采取的方法是,从学生感兴趣的地方出发,一步一步把学生引导到要教授的内容上去。

比如,初一历史有一节课会讲到"郑和下西洋"。每次讲到这里,学生都会在底下偷笑,小声说:"太监,郑和是个太监。"既然这是学生最感兴趣的地方,那老师就可以从这里打开突破口。

后来我就改进教学方法，在上这节课时，安排了一个配乐朗诵环节，在音乐声中，给学生们讲述郑和的一生。然后我说，一说起郑和，大家的第一反应是他是一个太监，甚至只知道他是一个太监，还会因此发出不和谐的笑声。但是，作为太监，郑和并没有像魏忠贤、李莲英那样，热衷于宫廷政变、权力斗争，而是扬帆四海，传播中国文化。宦官是那个时代的悲剧，郑和自己也是受害者，但他却活出了一个真正的男人该有的样子。

据资料记载，郑和在第七次下西洋时，因为过度劳累，在返航途中去世。在今天的江苏太仓，有一座郑和雕塑，他身后什么也没有，一个人站在海岸线上，看起来非常孤寂。郑和下西洋之后，明朝开始实行闭关锁国政策，导致中国逐渐落后于世界。与此相对的，葡萄牙里斯本也有一个航海纪念碑，名叫"发现者纪念碑"，站在第一位的就是航海家亨利王子，而跟在他身后的，是几十位航海家、导航员、传教士等，队伍浩浩荡荡。从此，西方的科技、贸易走向了全世界，西方世界开始崛起，世界格局天翻地覆。

这样的教学设计一举多得，一方面，学生听到自己感兴趣的内容，更容易听进去；另一方面，学生看到老师关注他们所感兴趣的内容，也能感受到老师的用心，从而会更加认真地学习这门学科。而且,国家要求历史学科教学必须传递的家国情怀、历史解释、唯物史观,也都融入课程里了。

再举个例子。我发现班上很多学生爱看漫画。有些老师一见学生看漫画就直接将漫画书没收,认为看漫画浪费时间。这个理由其实站不住脚。大人也会做一些娱乐性活动,比如打麻将、看电视剧,这不也是浪费时间吗?所以,老师不能用这个理由去压制学生,反而应该因势利导,想想怎样利用学生感兴趣的东西传授知识。我就从漫画这个点切入,来给学生们讲"三国"这段历史。

比如,对于"赤壁之战"这个故事的主人公诸葛亮,我会准备两幅风格不同的漫画,一幅是学生比较喜欢的卡通恶搞风,一幅是我比较喜欢的水墨风。在课堂上,我对学生们说,这两幅漫画,一个是我心目中的诸葛亮,我觉得他就应该是仙风道骨、羽扇纶巾的样子;另一个是你们喜欢的那种大头娃娃,张大嘴巴,疯疯癫癫的样子。对比一下,你们觉得诸葛亮的形象哪个更好一些?我不会直接说他们喜欢的风格不好,而是引导他们进行思考。

而且,我也会承认学生们喜欢的这种略显夸张的漫画的合理性,同时引导他们往更深的层次去思考,告诉他们:"漫画中的艺术形象在同学们小的时候,会更有利于让你们喜欢历史。但到了初中,在系统学习历史的时候,就不能仅仅追求有趣,还要还原历史的真相,客观地评价历史人物。如果同学们愿意把你们的审美尽量往这方面靠近,叶老师这里有很多更加符合史实的优秀连环画可以借给你们看。"这样就把学生对漫画的兴趣引导到对历史的兴趣中来,同时践行了"学科育人"的理念。

这样的教学效果往往很好,学生觉得我能理解他们感兴趣的东西,也会愿意跟我亲近。因此,老师首先要改变心态,接受学生、理解学生,了解他们的兴趣所在,并加以引导,才能让学生喜欢上你的课。

很多老师说,我和学生都有代沟了,没法理解他们喜欢的东西,怎么办?我觉得,老师和学生之间有代沟是正常的,只有多听多看,多读书,多旅行,接收新知,开阔心胸,扩大自己的眼界,老师才能理解学生到底在想什么。

就拿用漫画讲历史这节课来说,原本我对漫画也是无论如何也接受不了。但后来有一次我去日本,发现几乎所有东西都有漫画版,比如法律条文、日本历史和世界历史,而且从小孩到老人都在看漫画。我非常惊讶,也受到很大的启发。当时我就想,既然大家都这么喜欢漫画,那么漫画完全可以变成一种传递知识的有效方式。老师讲课的内容虽然是固定的,但可以用学生愿意学的方式去讲。

如何保证课堂纪律

· 华应龙

很多新手老师都会遇到一个问题：由于刚刚毕业，还没什么经验，个别学生不把自己放在眼里，上课随便说话，交头接耳，完全不听老师的教导。有的老教师会传授这样的经验：下次碰到学生们上课说话，你一定要严厉起来，多发几次火，学生们就老实了。

这种方式也许有用，但并不是一种好的教学方式。**我们不应该通过发脾气，让学生因为害怕而不敢调皮捣蛋，而应该想办法让学生因为爱老师而不愿调皮捣蛋**。我一般采用的方法是多发现学生身上的闪光点，不从负面去看待他。具体的做法是运用"五级批评"。

我曾经有一个学生，他在之前的班级里十分顽劣，极端的时候甚至会打老师，还不是拍一两下，而是把老师摁在地上用拳头打。当时学校用的是那种老式翻盖课桌，这个学生经常在上课时把课桌盖子掀起来、扣上，再掀起来、扣上，每次都发出很大声响,弄得老师没有办法好好上课,同学不能好好听讲。

后来这个学生转到了我的班上。我没有揪住他之前的错处不放,而是把他往好处想,找到他说,我相信你不是一个坏孩子,没有人想做坏孩子,你肯定也不想让老师天天批评你、对你发火,可能是你有时候情绪不好,控制不住自己,所以才掀桌盖、打老师。他点点头说,是的。

我先给他找了一个台阶下,减轻他的敌意,然后跟他说,所以让我来帮你,咱们之间做一个约定。华老师有一个"五级批评":

第一级是看一眼。如果你在课堂上又控制不住自己了,我会看你一眼,这肯定不是平常和蔼的目光,而是批评的目光。

第二级是摸个头。我会不动声色地走到你旁边,一边讲课,一边用手摸一下你的头,或者捏你一下,这就是在提示你要注意控制自己。

第三级是点个名。如果摸个头你还不改,我就会在课堂上点一下你的名字,但我不会在课堂上对其他同学说你犯了什么错,也不会批评你。点名就是给你一个提示,相当于打你一耳光,但华老师不想打你,也不想让别人知道华老师在批评你。你肯定也不想。所以,听到老师点名了,你就赶紧控制好自己。

第四级是站五秒。点了名以后,如果你还没有改变和收敛,我就会请你站五秒钟。

第五级是写说明书。如果你今天实在太过分,前四级批评你都没有改的话,就必须写检讨。

教育学有一个理论,老师批评学生的程度一定不要超过学生犯错的程度,所以我这五级批评本身设置得都很轻,但是批评的级别设置得很高。比如"站五秒"是第四级批评,如果被罚"站五秒",学生就会知道自己犯的错误已经比较严重了。

一件事对一个人产生的影响,只有 10% 来源于这件事本身,剩下的 90% 都来源于他人对这件事的看法。如果老师经常批评犯错的学生,他会觉得自己就是一个坏孩子,因而自暴自弃;如果老师只是摸个头,或者点个名,不把学生的错误扩大化,学生可能就不会觉得自己是一个坏孩子,会努力让自己变得更好。作为老师,最害怕遇到的就是自暴自弃、破罐子破摔的学生。所以,在日常的教学和相处中,老师一定要防止学生走到自暴自弃、破罐子破摔的地步。

回到案例中的学生,我跟他做完约定后,效果非常好,他连一次"说明书"都没写过。后来这个孩子顺利毕业,考上了北大医学部,现在还经常来看我。

当然,不是所有学生都能像案例中的学生一样积极改变。对于忍不住犯了严重错误,甚至要写"说明书"的学生,我采取的措施是,罚到他永远记住这次经历。

我要求他们按照这样的格式写"说明书":第一,写清楚今天做错了什么事,为什么要写"说明书";第二,受到老师的五级批评之后,心里的感受如何;第三,接下来要怎么做。

此外,我还会要求这份"说明书"的字数要达到几百字。一般来说,写一份"说明书"大概需要一天的时间,这一天学生基本上就没有玩的时间了。而且,我也不会轻易通过"说明书",会一次又一次地提意见,让学生反复修改,直到我觉得他们已经记住了这个错误,以后不会再犯为止。不过,就我的经验来说,需要写"说明书"的学生还是不多的。

如何面对课堂上发生的冲突

氛围：把情绪挡在教室门外

· 闫存林

每个人在生活中都有烦心的时候，作为老师，一定要注意，别把情绪带到课堂中来。

一方面，学生会感知到老师的情绪。比如，一个老师因为在生活中遭遇了不愉快而心情不好，进教室的时候，脸上"乌云密布"，课也上得死气沉沉；或者一个老师因为学生算错了一道题，在课堂上大发雷霆，而他生气的真正原因是跟家人发生了矛盾。不要以为学生感知不到老师的情绪，学生不但非常清楚老师心情不好、乱发脾气不是自己的错，而且会认为这是一个老师不专业的表现，对这个老师的印象也会大打折扣。能够在课堂上保持情绪稳定，是老师专业性的一个重要体现。

另一方面，老师作为课堂教学的重要角色，他的情绪会给学生带来很大影响——老师的情绪积极，课堂气氛就会很轻松；老师的情绪消极，课堂就容易呈现出死气沉沉的局面。在知识和教学水平不变的情况下，老师的情绪越积极，学生学习的效果就越好。

从我自己的经验来看，**把情绪挡在教室门外，最好的方法就是把精力全部集中到讲课的内容上来**。比如，这节课要讲《故都的秋》，从跨入教室门那刻起，你就要意识到，自己不是一个父亲或者母亲，不是一个丈夫或者妻子，就是一个老师。你接下来要做的，是向学生介绍这篇文章的写作背景，启发学生讨论散文的特点。只要把所有精力都有意识地集中在课堂上，你就会跟原先令你不愉快的事情暂时剥离开，全情投入到学生身上。

而且我发现，我们学校很多老师生病大多是在假期，只要第二天得上课，病马上就好了。所以我们有时候会开玩笑说，只要认真对待自己的职业，有时候老师不仅会忘记情绪，甚至连生病都能忘记。

和解：老师不要害怕向学生"示弱"

· 闫存林

老师一年要上很多节课，难免会在课堂上与学生发生冲突，新老师年轻气盛，要格外注意这一点。

我刚工作的时候，有一次在课堂上批评了一个学生，结果他一直顶嘴，把我气得摔门走了。我后来反思了一下：第一，这样做是因为一个同学而漠视了所有同学；第二，课堂是传授知识的地方，不能让个人冲突占据课堂太多的时间。

那么，如果老师真的在课堂上跟学生发生冲突了，应该怎么解决呢？

如果是小冲突，那么老师可以开个玩笑，把问题化解掉。如果发生的冲突比较大，暂时解决不了，也绕不过去，这种情况怎么办？我的建议是，老师一定要学会示弱。

很多老师觉得，对学生示弱，在面子上过不去，"我是老师，他是一个学生，他不尊重我怎么行？"但是，如果一定要跟学生在课堂上较这个真，针锋相对的结果必然是老师下不来台。逼到最后，只有两种处理办法，一是把学生轰出去，二是老师自己出去。《中华人民共和国教育法》规定，老师不能剥夺学生受教育的权利，把学生赶出去就是剥夺了他的受教育权。而且，把学生赶出去之后，老师难道不担心学生会去哪里吗？他的安全问题怎么保证？而老师摔门而去，把一个班的学生扔下，就没有尽到一个老师的责任。所以这两种办法都不好。

我就曾经犯过类似的错误。有一次，一个学生没做作业又不承认，在气头上的我就把他轰出去了。后来我意识到，我的身份是老师，他是一个孩子，这件事对孩子的影响远远超过成人。所以第二天我就跟他道歉，说我当老师的经验不是很多，昨天比较冲动，对不起。结果那个学生特别感动，跟我说，老师您不要自责，是我的问题。

如果老师因为在气头上导致处理方法不当，过后真诚地向学生道歉，适度示弱，会让学生觉得这个老师很有涵养、非常值得敬佩，他也会反省自己的问题。即使这个犯错的学生没有反省自己，班里其他学生也会明白，你是一个好老师。

我们经常说老师要"学高为师，身正为范"，你要在平时的教学中用扎实的专业知识和良好的人格修养赢得学生的尊重，而不是靠跟学生发火来让学生怕你。

怎样提升教学水平

听课1：学习应对课堂突发事件的策略

·闫存林

多听优秀老师的课是新手教师最重要的成长途径。如果一个新手老师在入校的前三年，把大量闲暇时间都用在认真听课上，那么他的专业能力会得到很大提升。

有些新老师觉得，听课主要是学习优秀老师设置了哪些教学环节、给学生补充了哪些材料、教学难点在哪里等，这些内容教案里都有，自己只需要认真研读优秀老师的教案就可以了。这种想法是完全错误的。因为教学是一个动态变化的过程，课堂上经常会出现备课时完全没预料到的情况，新老师要着重观察优秀老师是如何处理这些情况的。

大约十几年前，我上过一节语文课，要讲的课文是一位领导在庆祝北京大学建校一百周年大会上的讲话。当时我备课备得十分充分。在课堂上，我问学生："同学们，上节课老师布置了预习作业，大家都提前读过这篇课文没有？"本来我就是顺口一问,一般学生都会说"预习了",然后我就顺势切入文章的内容分析。没想到大家懒洋洋地回答:"没读。"我很奇怪,问大家:"为什么没读呢?"学生们说:"不喜欢,一看就没什么意思。"

如果是一个新手老师,很可能会接一句:"这篇文章还是挺有意思的,下面让我们来看看它到底写了什么。"然后按照教案继续讲。但这个逻辑是不通的,你不能否认学生的感受。我对学生们说:"不喜欢这篇文章的同学请举手。"结果所有同学都举起了手。很明显,大家都不喜欢这篇课文,如果硬往下讲,这节课大家都不会认真听。我只能彻底放弃之前准备好的教案,从学生的真实感受出发,问他们不喜欢的理由到底是什么,结果没有人回答我。我感到教学的切入口来了,跟学生说,你不喜欢一个东西,肯定要有理由,不能说因为是领导写的文章,就觉得不喜欢。这不是理由,是偏见。如果大家能列举出三条站得住脚的让你不喜欢的理由,这篇课文我们就不学了。

学生们一听,顿时来了精神。我就让他们读课文,找理由。学生们自主探究的意识被调动起来,一边读课文,一边写批注。读完之后,我让他们一一陈述理由,不成立的理由我就及时反驳,最后没有一条是成立的。在这个过程中,让学生认真阅读课文的教学目标就达到了。

接着我对学生说,等到北大建校150周年时,可能你就是相关的领导,如果你被邀请去做演讲,你会怎么写演讲稿呢?学生们就去研究这篇课文是怎么写的,分了几个段落,从哪几个方面写的,等等。虽然换了一种教学方式,这堂课的教学目标照样达到了。

这样的课就是新手老师需要着力去听的。很多新老师在上课时,会想尽一切办法把教案贯彻下去。但是,课堂上可能会出现各种各样的情况,有些情况无法在备课时提前准备,相应的解决方法也不会写在教案里,新手老师只能到真实的课堂之中去学习,观察有经验的老师是如何根据学生的具体表现,及时调整教学策略的。

另外,新手老师在听课之前,最好做一个规划,明确听课的重点,有针对性地去听。如果看到授课老师在课堂上有不足的地方,也可以记下来,在课后和这位老师讨论。这些都会对自己的教学很有很大帮助。

听课2：学习其他老师好的教学方法

· 罗滨

为了让新手老师尽快熟悉教学工作，很多学校都会采用"师徒结对"的方式，在一个备课组内，给新手老师配一个有经验的老教师作为师父。听师父的课是新手老师进步的重要途径。除了学习师父应对课堂突发事件的能力之外，新手老师特别要注意吸取师父在教学上的好方法。

我认识一位语文老师——林秀艳老师。她刚参加工作时，有一次听师父讲《陋室铭》。一般的老师在讲这篇课文时，会首先介绍文章背景，然后提出一系列问题，比如"陋室的环境如何""在主人眼中陋室真的简陋吗""与陋室主人交往的都是什么人？作者为什么要写他们？"……通过引导学生回答问题来分析这篇文章。但林老师的师父采取了一种特别巧妙的办法：一边讲课文，一边在黑板上把文中写到的景色画出来。

中国古典文论强调"诗中有画，画中有诗"，古文、诗歌与画是互相映衬的，他用这个方法来讲《陋室铭》，既符合文章的特点，又能让学生比较直观地明白文章中写的"陋室"是什么样子。比如文章中说"苔痕上阶绿"，他就画一个台阶；"草色入帘青"，他就画一个帘子。文章讲完了，画也画完了。然后这位老师把书合上，带着学生一遍又一遍地读。聪明的学生看着黑板上的画,很快就能把文章背下来了。

这节课对林老师的触动特别大,也给了她很大启发。有一次林老师参加新入职教师大赛,抽到的题目是讲余光中的《乡愁》,她当时就想起了这个教学方法。因为这首诗有四个小节,林老师就用四幅画来讲这首诗,比如,"乡愁是一张窄窄的船票,我在这头,新娘在那头",画中的两个人中间就隔了一条河;"乡愁是一方矮矮的坟墓,我在外头,母亲在里头",画中就有一个人对着一方坟墓。她用最简单的方法勾勒出这四小节,也更直观地表现出了乡愁。这节课的上课效果非常好,毫无悬念地获得了一等奖。

为了更好地吸取师父的长处,新手老师可以把自己讲课的进度安排得比师父慢一节课,自己先备课,然后再去听师父的课,看看师父在教学方法上有什么给你启发的地方。听完课之后重新打磨一下自己的教案,第二天再给学生讲课。

除了师父的课外,新手老师也要尽可能去听一些名师的课,广泛吸取他们优秀的教学方法,促使自己快速成长。

精进：教学反思是进步的不二途径

· 华应龙

前面我们提到过，新老师一定要反思自己的教学。教师行业里有一句话：一个教师写一辈子教案不一定能成为名师，但如果一个教师坚持写三年的教学反思，他很可能会成为名师。优秀的老师会琢磨自己上过的每一节课，回忆自己在上课过程中感觉到不顺、尴尬、犹豫的地方，思考更好的处理方法。

我曾经上过一堂课，重点是让学生形成对概率的基本认识，了解什么是"可能"，什么是"一定"。在上这节课时，我让学生们从装有三个黄球和三个白球的盒子里摸出一个球。几轮之后，有的学生摸出了白球，有的学生摸出了黄球。我又叫了一个男生到讲台前来摸球。他的手刚要从盒子里拿出来，却被我按住，我问学生们：他摸到的是什么球？有学生回答：可能是白球，可能是黄球。这就用上了"可能"这个词。

接下来该带学生们认识"一定"这个词了。我换了个盒子，又拿出一个小奖品，对学生们说："下面我们玩有奖的。如果摸出来的是白球，你就可以得到这个礼品。"同学们的积极性一下子被调动起来，举手要摸球的特别多。一个男生把球拿出来一看，是黄球，孩子们发出一片惋惜声。一个女生又摸出了一个黄球，孩子们又是一片惋惜声。这时学生们情绪高涨，争先恐后。我又让一名女生摸，按住她要把球拿出来的手，问大家："大家猜她摸到的是不是白球？"我停顿了两秒，让孩子们先自己猜一猜。结果这个女生拿出来的又是黄球。我问大家："还想摸吗？"还是有不少学生举起了手。我又问："有没有人有不同意见？"

这时候，有一个学生说："我觉得这盒子里全都是黄球，因为第一，您怕同学得到奖品在课上玩；第二，这奖品是买来的，您以后还要用。"

我打开盒子，学生们看到盒子里果然全都是黄球，一片哗然。我说："这是华老师跟大家开的玩笑，这个盒子里装的都是黄球，那么有可能摸出白球吗？"有的学生说："不可能，一定是黄球！"这样就让学生感受到了"一定"的含义。但明显有学生愤愤不平，大声说："华老师坑人！"

我原以为这就是一个小玩笑，没想到学生的反应如此激烈，甚至说出"坑人"两个字。对于学生来说，老师的形象特别重要，尤其是小学低年级学生，通常他们要先喜欢这个老师，才愿意好好学这门学科，但今天的课对于教师形象的负面影响是很大的。于是我开始反思更好的教学方式。

有一天我突然想到，很多地方都有类似于"摸球得奖"之类的活动，但不是在课堂上，而是在旅游景区或小卖部里。于是，在第二次上这堂课时，我到学校后面的小商店里拍了一张照片，货架上是琳琅满目的商品。开始上课时，我有意不穿外套。讲到"有奖摸球"时，我在投影仪上把小卖部的照片放出来，营造一种小卖部的氛围，穿上外套对学生说："我是这个商店的老板，你看我这里有吃的，有喝的，还能摸球得奖呢！"然后再组织学生摸球……当孩子们摸不到白色的球，情绪开始激愤，觉得被骗了，要说"坑人"时，我就把外套脱了，也停止了小卖部照片的投影，让学生们感觉回到教室中来。然后我对他们说："同学们，老师来了。对于刚才的游戏，你们有什么话想说？"结果这一招十分有效，不再有学生说"上老师的当了"。这种形式类似于一种角色扮演，学生觉得骗他们的是商店老板，而不是老师。有时候一件小小的道具、一个小小的手法，作用是很神奇的。

好的教学反思一定要指导之后的教学。在这次反思之后，我在很多课上都会有意运用一些方式去营造情境。比如在讲"方向和路线"时，我会设计一个问路的情境。如果老师一边问路一边伸手做打电话的动作，就可以把学生带入情境，老师就是一个问路人；如果没有做伸手打电话的动作，老师就仅仅是老师，很难让学生在情境中学到知识。

有学者指出，**对教师而言，能否以"反思教学"的方式化解教学事件，是判断教师专业化程度的一个标志。**面对变化不定的课堂，面对变化不定的教学事件，只有不断进行教学反思，才能提升教师的智慧，积累和刷新教学经验。

有人开玩笑说：老师每天就好像在带着学生在知识的海洋里畅游。然而，一段时间之后你却发现：只有老师一个人上岸了！然后老师还得返回海里，一个一个去捞学生。有些昨天捞上来，今天又掉下去了，还得反复地捞。在喘息的时候，老师惊恐地发现：还有往回游的！

所以，老师只把知识讲解一遍是远远不够的，还要经常带着学生进行复习。下面我们来看看华应龙老师是怎么帮学生巩固知识的。

我能做教师吗

怎样帮学生巩固学过的知识

· 华应龙

一般来说，到了期末考试前，老师都要带领学生对这学期学过的内容进行复习。很多老师会这样给学生布置任务：把课文再读多少遍，把知识点再抄一遍，把之前做过的题再做一遍……他们想用这种方式让学生巩固学过的知识，毕竟熟能生巧。

熟能生巧当然没有问题，但这样做，会让学生觉得没有新鲜感，复习的效率也不会高。**怎样才能高效地带领学生复习呢？最好的方式是在复习中提供新的知识，让学生在温故的基础上有新的长进。**

比如，小学数学要求学生学会计算长方形的面积，传统的题目是这样的：

> 小明的房间正在装修，其中有一面墙需要刷成暖色。这面墙长5米，宽4米，1桶油漆可以刷2平方米的墙。请问小明刷完这面墙需要用多少桶油漆？

答案很简单：

$$5 \times 4 \div 2 = 10（桶）$$

老师在第一次讲课时，可以用这种传统的题目，但到了复习的时候，如果还拿这类题目给学生做，学生就会觉得没什么意思。所以，老师需要稍微增加一点新的内容，比如可以改成这样：

> 小明的房间要重新布置一下，需要把面积最大的那面墙重新粉刷一遍。小明的房间长 6 米，宽 3 米，长宽高加起来 13 米。墙上有一个长 1.5 米、宽 1.2 米的窗户，1 桶油漆可以刷 2 平方米的墙。请问小明刷完这面墙需要用多少桶油漆？

这道题就比前面那道题复杂一些，因为它增加了一个步骤，算出墙的面积之后要减去窗户的面积。这对学生们来说并不算难，很多同学很快就会算出：

需要粉刷的面积 $= 6 \times 3 - 1.5 \times 1.2 = 16.2$（平方米）

需要的油漆 $= 16.2 \div 2 = 8.1$（桶）

绝大部分学生都是这么做的。但再仔细看一遍题目，就会发现，这道题目给的不是墙的长和宽，而是小明房间的长和宽。那么 $6 \times 3 = 18$ 就不是墙的面积，而是小明房间地面的面积。要想知道墙的面积，就必须知道小明房间的高度。

$$房间的高度=13-6-3=4（米）$$

这道题的关键点，在于弄清题目中给出的几个数字跟解题所需要的数量之间是什么关系。墙的面积 = 墙的长 × 墙的宽，要看看题目中有没有给出这两个数量。过去的题目往往是直接给出这两个数量，但是我带着学生做的这道复习题，不但没有直接给出这两个数量，甚至还给了一个迷惑数量，这就需要学生辨别这几个数量之间是什么关系。

这样的复习课就体现了"温故"之后要"知新"。学生在复习长方形的面积公式之外，又学会了新的东西——仔细审题，弄清题目中的数量关系。

复习课一定不能炒冷饭，只有让学生在复习旧东西的同时又有新收获，学生才会愿意学。

有人这么形容班主任的工作：

班主任是警察，代表着班规校纪的尊严，严格执行各项规章制度，坚决打击一切不利于学习的行为；

班主任是法官，要对班里出现的任何违规违纪和同学纠纷进行审判；

班主任是会计，负责收学费、杂费等各种费用；

班主任是设计师,负责布置教室内的文化环境;

班主任是保镖,当学校组织春游等校外活动时,要保护学生周全;

班主任是心理咨询师,要及时发现学生的心理问题,并给予疏导;

班主任是通讯员,要向年级和学校上报各种数据,还要把学校的通知安排传达给学生;

……

要想成为一个优秀的班主任,你必须把这些纷繁复杂工作捋出一个头绪,下面这些科学的方法或许会给你一些帮助。

怎样做好班主任

提纲挈领：班主任要打造班级的凝聚力

· 闫存林

班主任的工作内容有很多，比如，了解每个学生，与各个任课老师及时交流学生的情况，提高整个班级的学习成绩；抓班级卫生，引导学生养成良好的卫生习惯；和家长交流，处理好家校关系；等等。凡此种种，千头万绪，让很多新老师手足无措。学习成绩搞上去了，卫生却乱了；下个月重点抓卫生，又忽略了学生的心理建设……出现这些情况的原因之一，是班主任过于事必躬亲，没有在增强学生的凝聚力方面下功夫。做班主任，应该尽量避免让自己陷入一件件细碎的小事之中，而要发挥学生的主体作用，打造班级的凝聚力，使学生有奋斗目标和集体荣誉感。这样一来。很多小事也就不需要班主任操心了。

如何打造班级凝聚力呢？建议你尝试下面三个方面的举措。

第一，带领学生一起确立班级的发展目标。现在很多学校都会进行班级之间各个方面的评比，比如学习成绩、卫生、学校活动等。班主任可以针对这些方面，与学生一起确立班级的发展目标。比如，期末考试争取拿年级第一，卫生评比一年之内扣分不超过五次或者不超过十分，五一合唱比赛至少进入前三名……学生往往是有好胜心的，他们很愿意定下目标，并为之努力。有了目标，就有了奔头，有了方向。目标确定后，班主任可以把它们写下来，贴在教室的显眼处，让学生们能天天看到。需要注意的是，一定要与学生共同设立目标，不能抛开学生，否则他们会觉得这是老师布置的任务，也就不会发自内心地想要完成，最终的效果也不会很好。

第二，确立班级公约。班主任可以与学生共同商量该做什么不该做什么。比如，早读课不早退不迟到，自习课不说话不玩游戏，不顶撞任课老师……公约可以列六七条，并且经学生讨论投票通过。公约条款确定后，老师也可以打印出来，请所有同学在上面签字，挂在教室的显眼处。

这体现的就是一种契约精神。有了公约，学生犯错后会特别不好意思，因为当初这些条款是他们自己同意的。

除了设置需要遵守的条款，也要制订违背条款的惩罚措施。比如，给全班同学一人买一根棒棒糖，或者给大家唱首歌。惩罚措施可以设置得轻松有趣，而且要让全班同学都能够看到或感受到。

第三，选举班委。通常每个班都有班委，协助班主任开展班级工作。班委可以由老师指定，也可以由学生推选。我认为最好的方式是让学生自己参加竞选，既可以通过竞选演讲的方式提升学生的表达能力，也可以提升他们对班级的责任心和服务能力。

老师可以在学期之初召开班委竞选会，让想要竞选的学生发表竞选演讲。演讲的内容可以是自己成为班委后，会给班级做什么样的贡献，怎样帮助同学，举办什么活动等。所有参与竞选的学生发表完演讲后，请全班同学投票，公平公正地选出班委。为了让大部分同学都有锻炼的机会，班委的任期可以设置为一个学期。

班级的大部分工作都可以由班委主导，这样做，班主任工作就会比较轻松而顺利。比如开班会，由老师跟班委一起确定班会主题，由班委主持班会。班主任只需在一旁监督和指导，或者在班会结束时进行总结发言。

有了发展目标，学生会充满动力；有了班级公约，学生会自我约束行为；有了班委，大多数班级工作就可以由学生自主展开。通过这几项举措，形成班级凝聚力，发挥学生的自主性，我认为是班主任管理班级的好方法。

班级公约：要让学生"拼了命"能够做到

·叶德元

曾有一位年轻老师向我请教班级公约的问题。他说，我们班成绩越差的孩子越没有规矩。他们也知道违背班级公约就会扣操行分[1]，但是每错一次就扣一点分，扣到最后就无所谓了，完全不在乎。对于这种学生，应该怎么办呢？

我让这位老师把班级公约拿过来看一下，发现竟然有一百多条！我问他，这一百多条你能背下来吗？他说背不下来，我说连你都背不下来，学生更背不下来了。他们都不知道班级公约里有什么，怎么执行呢？如果有的学生是因为不记得公约而违反规定，那这些规定还有什么意义呢？

而且这位老师的班级公约还有一个问题：一些条款是有的孩子"拼了命"都做不到的。比如，"语文考试成绩倒退，扣 5 分。数学作业要得 B 及以上，否则扣 10 分。外语听写要全对，否则扣 8 分。"每个班里都有一直学不会、考不好的学生，对于他们来说，像这样的要求在现阶段无论如何也做不到。这次考试没考好扣几分，下次没考好再扣几分，等到分数快扣完时，他想学好的心可能也被消磨殆尽了。即使班级公约中有一些能够做到的规定，比如上课不交头接耳、按

---

1. 为了衡量学生在学校的表现，成都七中育才中学每个班的孩子都有操行分。

时做值日等,他也不愿意遵守,反正遵守了,操行分也不会变多。这样一来,他肯定会越来越不遵守纪律,成为老师眼中"不守规矩"的学生。

好的班级公约,要满足两个条件:一是数量不能多,要让学生能够记住;二是具有可操作性,给所有想好好表现的孩子一个机会,最起码要让他"拼了命"能够做到。

我带的班级现在的班级公约只有五条:早上不迟到,按时交作业,上课不讲话,安静上自习,座位周边没有垃圾。这五条,每个学生都能背下来,而且只要努力就能做到。

比如,我要求学生们"交作业",而不是"做作业",不管你有没有做作业,只要把作业交了就可以。

这条规定看似简单,其实别有深意。这样做,一方面可以督促学生做作业,对于原本想偷懒不做作业的学生来说,为了不让老师发现自己没做作业,就会努力把作业完成;另一方面,对于基础太差的学生来说,做完所有科目的作业实在困难,只完成交作业这个动作就已经很不错了,哪怕交了一份没有完成的作业,也至少说明他了想要完成作业的态度,这同样值得鼓励。

前文提到过心理学里的"登门槛效应":如果希望别人接受你比较大的请求,可以先从小要求开始,别人一旦满足了你微不足道的要求，就很有可能接受你更大的请求。一旦发现自己能够遵守所有班级公约，学生就会有一种成就感，觉得自己做得还不错。在此基础上，他才会努力去接受更大的挑战。如果班级公约里有一两条无论如何都做不到，就很容易打击学生的积极性。倘若从一开始都没有迈入门槛，就别指望他能够登堂入室了。

班级公约作为学生日常需要遵守的行为准则，还会起到营造班级氛围的作用。如果班级公约过于严格，就会使学生在教室里感觉很紧张，始终处于提心吊胆的状态。班级公约既要给学生安全感，又要保证大家在教室里有规矩，这样的班级氛围才是良好的。

教书之外，教师要怎样育人

难题：遇到"差生"怎么办

· 华应龙

对于任何一个老师来说，学生的成绩都十分重要。为了提升学生的成绩，有的老师会想方设法督促学生。比如，增加学习时间和作业量，与考试成绩差的学生谈话，等等。这样做，往往收效甚微，因为他们忽略了学生作为一个人的感受。我曾经亲耳听到一个学生说："我就是要考试考得差，让老师拿不到奖金。"他把考试当作报复老师的机会，以自己的学业为赌注，实在让人心痛。作为老师，不能眼里只有成绩，应该看到学生本身，从人的角度关怀学生。当老师只盯着学生的分数时，他反而得不到想要的结果。一旦他不再紧盯分数，把学生当作一个完整健全的人来看待，可能会有意想不到的收获。

我年轻的时候，曾被调到江苏一个县级市的小学教六年级。当时接手的是一个成绩相对比较差的班，后进生很多。开学两周了，有个学生一直无视我，从来没有好好看过我一眼。我就去打听这个学生的情况。别的老师说这个孩子从来不正眼看人,唯一的爱好是小动物,文具盒里总有几十只小爬虫。有一次英语课,他竟然从怀里掏出一条蛇,把全班同学吓得不停尖叫,还有学生从旁起哄,老师完全无法讲课。

他最头疼的是做作业,有一次他妈妈逼迫他做作业,他竟然拿刀要砍他妈妈的头。他考试一直不及格,父母对他也不抱什么希望,等他完成义务教育后,就不打算让他继续上学了。他们借旧城改造的机会买了一个店面,准备将来让他学着做小买卖。

如果是一个只关心成绩的老师,对这样的学生,可能就直接放弃了。但是,如果看到他作为人的一面,你就会意识到,这个孩子之所以不愿意和别人交流,可能是由于自卑。他是先天"兔唇",长得不好看,可能是这样的长相导致了他的自卑情绪。作为老师,要帮助他建立自信。

说句题外话,喜欢美是人的本能,但对于老师来说,不能对长得漂亮的学生另眼看待,对长得没那么漂亮的学生则爱搭不理。一个人的相貌多与父母的遗传因素有关,不能怪他本人。我遇到长得没那么漂亮的学生时,总会想到法国作家雨果的小说《巴黎圣母院》里的敲钟人加西莫多。加西莫多长得很丑,但心灵很美。我们经常强调老师一定要公平,首先就要平等地对待学生的长相。

有一天，刚一下课，这个学生就跑到教室外面，去花园里找小虫子。我就走过去跟他聊天，问他："你在找小虫子吗？"他没有理我。我又说："我们交个朋友好吗？"他还是没理我。过了十几秒，我说："我有个地方长得和你一样，你看我的嘴唇上面。"听到这句话，他抬头看了看我，发现我嘴唇上面也有一块疤时，他的眼睛亮了起来。我接着说："这是我小时候走路时，我哥哥跟我一起摔倒弄的，你呢？"这个学生可能是第一次见到有人跟他一样，有一种同病相怜的感觉，小声说了一句"我也是"。

我看他愿意跟我说话了，就抓住时机继续跟他交流。我问他："你知道达尔文吗？"要是平时，他肯定只摇头不说话，但这时他可能觉得我跟他有相似之处，回答了一句"不知道"。我就告诉他："达尔文是一位伟大的科学家，对人类有杰出贡献，他和你一样，特别喜欢小动物。"又问他："你想看他的书吗？"

所有孩子在内心深处都渴望被大人认可，我提到达尔文，让这个孩子感受到自己是有价值的，自己的爱好和达尔文这个大科学家一样，他心里肯定非常高兴。过去因为他不写作业，甚至打家长，所以基本没人表扬过他，这可能是第一次有人告诉他，他是有优点的，也值得被表扬。所以他犹豫了一会儿，点点头说"想"，我把背后藏着的《达尔文传》拿出来送给了他。

　　一个星期后，他爸爸主动打电话给我说："华老师，太感谢您了！我儿子现在一回家就看书。"他看的就是那本《达尔文传》。后来，我在班上叫他时就叫"小达尔文"，课上也有意给他表现的机会。他逐渐变得越来越自信。为了激励他好好学习，我答应他只要考试进步，就给他一个奖励。他特别高兴，跟我约定去他家看他养的小兔子。他觉得自己养的兔子跟别的兔子不一样，会自己上厕所，非要向我展示。为了完成约定，他开始努力学习，慢慢地成绩也越来越好。最后小学毕业考试时，他的数学考了 96 分。

　　我们常说老师要爱孩子，爱的应该是孩子本身，而不是孩子的考试分数。成绩暂时不是很好，往往是由于学生作为人的某个方面没有得到尊重或满足。**老师从培养健全人格的角度出发去关怀学生，学生的成绩可能会因此自然而然地变好。**

　　老师的职责是教书育人，但很多老师在工作中只记住了"教书"，忘记了"育人"。如果只盯着学生的分数，那就太功利了，学生也会感受到你并不是真正地爱他。华应龙老师有一句话：平均分 99.9 分都抵不上学生眼里的阳光。每个孩子都有自己的特点，如果发自内心地爱孩子，你就很有可能找到引导他的正确方法。

融合：怎样兼顾教书和育人

· 叶德元

教师有两个重要职责，一是教书，二是育人。很多老师说，现在考试压力那么大，我每天要准备教案、上课、批改作业、处理学生的各种问题，这些工作已经占用了我太多时间，哪还有精力去关心学生的思想状况？

实际上，教书和育人是一回事。在平常上课的过程中，老师就可以完成对学生的思想品德教育。要想做到这一点，最重要的就是把上课所讲的知识与学生的生活联系起来。

以我为例。在讲到春秋战国时期的历史时，会涉及一个成语"卧薪尝胆"。这个成语说的是越国被吴国所灭，越王勾践立志复仇。勾践表面上服从吴王，实际上厉兵秣马，等待时机，最终带兵打败吴国，完成了复仇。

过去提到"卧薪尝胆"时，我们会着重强调不要轻易被困难打倒，要学会在困境中提升自己的能力。但如果把这个故事与我们当下的生活联系起来，就会发现问题了。

我会跟学生们一起讨论：你觉得勾践的做法对吗？勾践面临着国仇家恨，他的做法肯定是对的。但对于普通人来说，如果仅仅是同学之间的小摩擦，我们需要像勾践一样，每天舔一下苦胆，时刻想着"我要报仇"吗？当然不需要。我会教导学生，在一些情况下，要学会放下，学会宽容。

有人将这样的讨论过程称为"学科育人"。老师并不需要专门留出时间来对学生进行思想品德教育，在学科教学的过程中，就可以把育人的内容渗透进去。

这样做还有一个好处。有的学生不喜欢学习，是因为他觉得课堂学的东西跟实际生活没什么关系，学习是学习，生活是生活。如果把课堂的内容和学生的生活结合起来讲授，学生就会觉得学习的东西是有用的，也会更喜欢听老师的课。

困惑：素质教育和应试教育冲突吗

· 闫存林

素质教育与应试教育之争在我国是一个经久不绝的话题。一些老师觉得两者很难兼顾——要搞素质教育，就很难关注分数；要提高学生的分数，素质教育就得暂时放一边。况且，现在社会评价学校的一个重要指标就是学生的成绩，这也成为很多老师忽视素质教育的一个借口。

需要承认的是，以成绩来评价学校和学生，这种现象在短时间内很难改变。但这并不意味着素质教育与应试教育完全冲突，实际上，有这种想法的人并没有真正地理解教育。一个学生能够考高分，跟他的学习能力、逻辑分析能力、自我管理能力等也有很大关系。现在，我们也越来越多地看到，成绩优秀的学生，在社团活动中也表现得光彩夺目。而这正是实行素质教育的结果。

我比较赞成的说法是："我们为的不是高考，但最后会赢得高考。"关注学生的分数，是因为考试，尤其是中考、高考这样的大考，是学生在成长过程中的重要节点，他要顺利通过这些节点，才能拥有更好的未来，但这绝不是他未来的人生目标。作为老师，如果认识到这一点，你就会明白，**素质教育和应试教育并不冲突，"应试"和"素质"都是教育的一个环节，老师需要关注学生的成绩，更要关注学生的学习能力和道德品质，因为拥有这些良好的品质和能力，会惠及学生的一生。**

有的老师说，学生的在校时间是固定的，如果把时间用来对学生进行思想品德教育，用于提高学生分数的时间就会相应减少，分数这么重要，我宁愿把时间花在提高学生的分数上。这种想法是不对的，素质教育并不是要求你单独拿出整块的时间来进行，而是在日常的教学中、与学生的相处中，关注学生的想法，发现学生的闪光点，引导学生树立远大的理想和社会责任感……老师要学会从教学走向教育，从学科教学走向学科教育,将素质教育融入其中。

我经常对学生说,我希望你们走出校门的时候,都是一个大写的"人",有能力,有责任和担当,能为社会做出更大的贡献。对于老师来说,一定要把学生的成绩与他的能力、未来发展、人生理想、社会责任感等综合起来进行培养。如果一开始就树立了这样的目标,那么在教育学生的过程中,你就不会仅仅盯着他的分数。如果你一开始设置的目标就是让学生考高分,那么在教学过程中,你可能就注意不到学生在思想品德等方面的问题,从而忽略对他的偏差行为的纠正。

教育界曾经有一句话:"没有教不好的学生,只有不会教的老师。"现在这句话越来越不被教育者们认同。人们逐渐意识到,老师并不是万能的,学生是否能够成人、成才,是由多方面因素决定的。老师能做的,是在学校这个环境中尽最大可能教好学生。

同时,在学生的成长过程中,家长也负有重要责任。所以,老师还有一个重要的任务——跟家长沟通。

如何做好家校沟通

家校关系：与家长沟通不能以告状为主

· 闫存林

通常学生最怕的事情有两个，一是开家长会，二是老师叫家长到学校，因为很多老师与家长沟通的唯一内容就是批评孩子。但是，**要想拥有良好的家校关系，老师在与家长的沟通中，千万不能以告状为主。老师可以向家长定期反馈学生的在校表现，并且以表扬学生为主。**

为什么不主张以告状为主？因为老师不能指望家长帮你解决问题。我早年工作的时候，有时跟家长沟通，会提到他们家孩子有些不好的习惯。比如，上课精力不集中、做题太慢、基础知识不扎实等，希望家长帮忙管管孩子，帮助孩子培养好习惯。结果不少家长给我的回复是：老师，我根本没有办法，只能把他送到学校，辛苦老师们多操点心。有的家长还会认为是老师不专业，没有教好学生。此外，跟家长告状，也会使师生关系变得紧张，导致学生对老师产生逆反心理。

现在我跟家长交流时，一般以反馈学生表现好的地方为主。比如，今天班里的值日别人都没有做，只有你们家孩子做了；今天班里有学生打架，你们家孩子很勇敢地上前劝架，拉开两人，化解了双方的矛盾；你们家孩子最近在作文方面有很大进步……每个家长都特别喜欢听孩子有这样那样的优点。在一部分家长眼里，孩子并没有十分优秀，但是看到老师能挖掘出自家孩子这么多优点，他就会对你心生敬佩，也会更加配合学校的工作。

当家长把老师的表扬讲给孩子听时，孩子也会很意外，很惊喜，甚至很自豪。就算之前表现没有那么好，接下来他也会格外努力，变得更像老师表扬的样子。这在心理学上叫"皮格马利翁效应"，即别人对一个人的期待能够激发这个人的潜力，使他变得更符合别人的期待。

如果你之前跟家长沟通时只讲孩子的缺点，下次接到家长的电话时，试试多讲讲孩子的优点，说不定会收获意想不到的教育成果。

在跟家长的沟通中，你可能会遇到各种各样的家长，也会接到家长林林总总的要求：

"老师，孩子中午在家不睡觉，麻烦你说说他。"

"老师，我家孩子晚上写作业磨磨唧唧，麻烦你严厉批评他。"

"老师,我家孩子早上叫她好多次都不起床,请你管管她……"

"老师,孩子最近成绩很不理想,麻烦您多多关注他!"

"老师,孩子最近不愿意去上课,麻烦你看看她是不是在学校遇到什么问题了?"

对于家长的这些要求,全部答应可能并不现实,罗滨老师提醒我们,作为专业的教育工作者,要让家长知道,不能把教育孩子这件事全部推给老师,要有意识地引导家长的教育观。

意见分歧:学会适当引导家长的教育观

· 罗滨

现在的家长接触信息的渠道比较广,相比于学校和老师的教育方法,有的家长更愿意相信培训机构或者互联网上的信息。碰到这种情况,**老师要和家长建立信任和良好的沟通关系,但同时也要向家长交代明白,教育是一门十分专业的学科,请他相信老师的专业性**。对于家长提出的要求和疑惑,老师要及时解释和引导。

举个例子,有的家长觉得课后作业布置得太多了,希望少布置一点。老师就要告诉家长留作业的原则是什么,一般学生的完成情况是怎样的,他们家孩子应该怎样完成作业,等等。

比如,老师跟家长说,化学作业分为必做部分和选做部分,必做部分里每一道题都对应一个近期学习的知识点,选做部分是启发学生思维的拔高题。一般学生做完必做部分和选做部分差不多要花半个小时,条件允许的情况下,我们要求所有学生把必做部分和选做部分都完成。但如果你的孩子做必做题就要用两个小时,考虑到平衡各个学科和保障学生睡眠,选做部分可以不做。但长期不做选做题,可能会导致孩子的考试成绩不如其他做了选做题的孩子……老师要把这些信息跟家长讲清楚,一起商量出一个合适的方法。

现在有的家长比较焦虑,对孩子提出过高的要求,超出了孩子现阶段能够接受的水平,这实际上是不利于学生成长的。一旦发现这种情况,老师也要及时引导家长。

有一次,一对父母找我咨询孩子的问题。他们的两个孩子是龙凤胎,刚上小学一年级。弟弟性格内向,喜欢一个人看书、做作业,对自己的要求也比较高,让父母十分省心;姐姐就比较外向,更愿意跟小伙伴们一起玩,对学习成绩无所谓,父母因此十分着急。这对父母是高级知识分子,妈妈的数学非常厉害，从孩子上幼儿园开始，她就辞职在家给两个孩子讲数学。两年过去了，姐姐就是听不进去，上小学之后更不听了，母女之间经常发生矛盾。

实际上，这对父母的教育观是有一点问题的。教育讲究个性化，不能以一个标准要求所有的孩子。弟弟喜欢看书学习，这很好，但不能因此要求姐姐也必须认真看书学习。姐姐的长处在于人际交往，父母完全可以培养她这方面的特长。教育孩子，最重要的是从孩子的本性出发，而不是把自己的希望强加到孩子身上。

所以，我对孩子的妈妈说，你不能以你的标准要求孩子。你喜欢数学，认为数学重要，但孩子不一定喜欢；而且孩子这么小，你就给他们讲这么难懂的东西，有点太早了。你现在之所以这么焦虑，其中一个重要原因是你现在的生活里只有孩子和家庭。你认为专心照顾孩子和家庭，是为了孩子好，但当你把所有精力都放在孩子身上时，孩子会感觉他所有的行动都被你监管着，因此十分不舒服。我建议你尽快回去上班，不要对孩子提出超出他们能力范围的要求，也不要以同样的标准要求不同性格的孩子。

当然，老师自己首先要树立正确的教育观，在工作之余多读教育类书籍，多思考，这样才能在与家长意见不一致时，一针见血地指出问题所在，帮助学生健康成长。

目标对齐：家长会的重点在于达成共识

·叶德元

如今，通信技术足够发达、便捷，有的老师认为，平日里随时都在跟家长通过QQ群、微信群交流，家长会可以取消了。这种观念是不对的。平时在QQ群、微信群里，老师和家长更多的是对当下出现的某一个问题进行交流；而家长会更重要的是对家长形成"引领"作用，让老师、家长、学生在接下来一段时间内奔着同一个目标去。**家长会，可以说是一个目标对齐会。**

每次要开家长会时，学生都会非常紧张，四处打听这次班主任到底要说什么。有的学生会觉得"这下完蛋了，班主任肯定要告我的状了"。这样的家长会对建立良好的师生关系非常不利。我的习惯是，在开家长会之前，抽一节课出来，跟学生讲一遍家长会要讲的内容。比如我会跟学生说，各位同学，今天下午咱们要开家长会，叶老师已经做好PPT了，现在我先给你们讲一遍，就当试讲，以防下午开会的时候紧张。另外，你们帮我听一下，有哪些东西我没有讲清楚。

这样做，学生会很开心，觉得老师跟他们是站在同一条战线上的。而且，说到底，班主任在家长会上说的内容，父母回去也要传达给学生，有时候传达不清楚，还不如老师直接跟学生说。到了开家长会的时候，我会告诉各位家长，这些内容我都对你们的孩子讲过了，我们要做的就是朝着共同的目标去努力。通过家长会，老师、家长、学生都明确了下一阶段重点需要做什么，老师和学生之间没有隔阂，家长回家后也不会把孩子臭骂一通。

那么，家长会上要对齐的目标到底是什么呢？比如初三的家长会，要强调这一年比较重要的事情，像精心安排复习、保持阳光心态、科学作息、贴心饮食，等等。如果家长会临近春节，学校将要举办春节特色活动，老师就要在家长会上明确这个活动的具体内容，大致的时间安排，需要家长如何配合，等等。

举个具体的例子。我曾带过一个初一的班级，学期末要开家长会，重点是强调寒假的学习任务和要求。当时家长会的具体内容如下：

> 经过初一上学期紧张忙碌的生活，随后的寒假是最好的调整期，也是最好的充电期。很多人都会告诉你初一下学期有多么重要，在上学期不怎么难的学科，在下学期难度一下子增大了：语文阅读量更大，数学几何难度加大，英语课文每一篇的长度都增加了。顺利度过初一下学期，会为初二迎接新的物理学科打好坚实的基础。在即将到来的寒假，叶老师希望和大家及孩子们一起这样度过：

一、合理安排时间

我建议把这个寒假分为三个阶段,我和老师们也会在过程中检查两次作业。

第一阶段(1月16日—1月24日,共9天):调整、补漏、做作业,完成作业的1/2到2/3。

第二阶段(1月25日—2月3日,共10天):休闲、走亲、访友,每天仍坚持少量的作业或者阅读,保持学习的常态和作息。

第三阶段(2月4日—2月11日,共8天):收心、规范作息、作业收尾,根据个人情况预习,做好开学准备。

二、高度重视寒假作业

寒假作业的重点在于查漏补缺,每个学科都是分层布置作业,这样更加有的放矢。请家长向孩子转告叶老师的一句话"优生无偏科,优生无难易"——真正优秀的同学,每个学科都很优秀,没有特别弱的学科;真正优秀的孩子,对待简单和复杂的题目都一样认真,不会犯低级错误。

补课只是"寻求一种心理安慰"。建议今天晚上回去，大家就和孩子一起制订一个假期计划。建议内容包括：作业进度计划、拓展阅读计划、锻炼放松计划。在家里作息时间不要乱，不要因为放假了，就晚上一直玩，早上一直睡，把我们刚刚养好的一点点习惯又破坏了。无聊的时候可以背背课文和单词，语言的学习是日积月累的过程。"一天不读口生，一天不写手生"，这是老话，但是很有道理！

这样的家长会开完后，老师、学生、家长都知道在寒假期间要做什么，家长会的目的就达到了。

避免投诉：从源头消解不满

· 华应龙

我当副校长时，有时会接到家长投诉某个老师。等我去问这个老师时，他感到很冤枉，觉得自己已经尽最大能力帮学生解决问题了，为什么家长不理解自己呢？

我认为，家长和老师都没有错，只是沟通的方式需要调整。

想一想，家长的这些信息是从哪儿来的？绝大部分是孩子放学回家后跟家长说的。孩子在学校受到委屈时没有及时告诉老师，而是回去跟家长说。说了几次后，委屈积累到一定程度，家长无法忍受，就去找校长投诉。老师觉得很冤枉，因为学生从来没跟他提过这一点。但这时家长的情绪非常激动，如果老师直接去找家长解释，就很容易引发冲突。

明白了这个过程，我们就会知道，**要想避免家长投诉，最好的方法就是让学生把所有不满都在学校里说出来，要让学生敢于跟老师提要求、提意见。**

要做到这一点并不容易，它要求老师平时要跟学生搞好关系，而且要有意培养学生敢于提意见的习惯，要让学生知道，提了意见之后不但不会受到批评，还能看到意见被采纳后的效果。

具体如何做呢？我有下面两个方法。

第一个方法，也是最直接的方法，是在课堂上直接让学生给我提要求。一般来说，学生提的要求不外乎下课别拖堂、作业别太多、别随便训斥学生。只要他们的要求合理，我就全盘接受。有一次在课堂上，一个小男孩站起来要说什么，想了想，不敢说，又坐下了。我说没事，你说吧。他不好意思地说："华老师，你把衣服上的那个扣子扣起来。"我当时穿的是休闲服，有三粒扣子，这种衣服的穿衣习惯是只扣中间一粒扣子，我当时也是那么穿的。但小孩子不知道这个规矩，以为是我扣子没扣好。我就笑了笑,对他说:"老师穿的是休闲服,一般就扣中间一粒扣子,其他两粒是不扣的。不过,你敢于给老师提意见这点很好,所以你让我扣,我就把它扣起来。"

这就给学生一个信号:我提的要求是有用的,而且提要求不会被老师批评。我给孩子们营造了一个宽松的环境,以后他们有什么想法就会勇敢告诉我。

第二个方法,是鼓励学生给我写信。虽然我不是语文老师,但有时候我给学生布置的作业就是给华老师写一封信,其中一个目的就是培养他们敢于表达不满的习惯。因为我教的是小学生,还不怎么会表达,我就教他们怎么写:第一段写华老师当你的老师后,你有什么感受;第二段写你觉得华老师哪儿做得不好;第三段写你接下来的学习目标。

有一次我收到一封信,一上来就说:华老师你准备好,今天我要批评你了。然后他就开始列举我的"罪状":第一,开学的时候说你不拖堂,但是这学期到现在你已经拖三次堂了;第二,你可能到更年期了,讲课有点乱;第三,当我们表现不错的时候,你总是把手往我们头上一拍,那个动作挺疼的,要揉半天才行。

从这封信里,我了解到了学生的真实感受。之前有几次上课,一部分学生觉得题没做完不尽兴,抗议说不能下课,所以拖了几次堂。但从这封信来看，不是所有学生都同意拖堂。另外，我教的是六年级，上课讲的发散性内容比较多，有的孩子会觉得比较乱。这些我之前没有意识到，以后都要注意。最有价值的是，他说的第三点我从来都不知道。我很疑惑地问我夫人："我这么轻轻拍一下，很重吗？"我夫人说："是啊，你不知道你的手有多重。"从那以后，我就注意做这个动作时再轻一点。

对于每个学生的信，我都会写回信，孩子就会觉得他的想法是被重视的。几次下来，他们就养成了一个习惯，对我有什么意见不想当面说的，就会给我写信，这样就把问题从源头解决掉了。孩子们在学校没有不满，回家后也不会向家长抱怨，家长又怎么可能来投诉老师呢？

每个老师的个性不同，面对的学生不同，跟学生沟通的方法也多种多样，你可以在日常的教学中探索跟学生之间最好的交流方式，关键就是要让学生愿意跟你交流，敢于向你提意见。

以上就是一个新手老师在刚入校阶段需要熟悉的所有工作。看到这里，你是不是会发出一种感叹：教师要做的工作这么多，他的时间真的够用吗？对于这个问题，叶德元老师分享了他的心得。

如何平衡教学工作与其他事务

精力：怎样应对教学之外的"杂事"

· 叶德元

老师不仅要进行学科教学，还要处理很多"杂事"。比如，参加学校的招生宣传工作，处理各种学生信息（包括每年的学生学籍登记、贫困生登记，每学期的学生评奖和处罚工作等），整理学校要求的大大小小的材料（包括照片、简讯、新闻稿、活动总结等），定期检查教案，参与各种教学竞赛，组织升旗仪式，参与各种学生活动……很多老师抱怨说，这些杂事挤占了大量时间，教学甚至成为"副业"。

实际上这是一种误解。不少老师认为，我是教书的，只要把书教好就可以了，结果每天又要组织升旗仪式，又要带学生做课间操，又要注意学生的安全，又要解答家长的疑问……事多且杂，时间久了，他们就觉得很烦很累。但是，在我看来，老师不能仅仅把自己定义为一个"教书的"，更应该是一个"教育者"。**所谓的"杂事"都是一个个教育契机，老师要学会利用这些事，将"育人"融入其中。**

比如，教师节各个学校都要举办各种活动，表达对老师的感激。有的老师认为这是一件"杂事"，随便安排学生给各个老师送份小礼物，就把活动打发了。实际上，这个契机可以很好地利用起来，既让学生们知道爱需要大声说出来，也让他们学会如何表达爱。

有一年我带初一，9月开学，9月10日就是教师节。初一新生对我和其他任课老师肯定还没来得及建立感情。我就在想，他们现在跟哪些老师感情最好？肯定是自己的小学老师。正好学校为了举办教师节活动放假半天，我就让学生们给自己的小学老师制作一张卡片，写上想说的话，回到小学母校，送给老师，表达感激之情，同时也通知家长做好安全保护。

作为班主任，我也给每个孩子的小学班主任写了一张贺卡。学生们特别奇怪，问我："叶老师，你又不认识我原来的老师，为什么要给他们写贺卡？"我回答说："因为我认识你们，我要感谢他们培养出了这么优秀的你们。"后来有学生告诉我："我原来的班主任都哭了，他马上就要退休了，这是他当老师三十多年以来，第一次有初中老师送贺卡给他！"我相信这样的活动是有意义的，学生们在其中能够感受到爱的传承。所以，只要能够在其中找到教育的契机，一切活动和学校的安排都不是"杂事"。

像这样的例子有很多。比如艺术节，我鼓励所有学生勇敢展现自己；"道歉日"，我鼓励学生到一个特别设置的屋子里，对着摄像机，录下自己想对身边人道歉的话语，这些话可能是他们平时想说又不好意思说的。我原本以为孩子们会无话可说，但有的学生进去半个小时都没出来。之后，在征求孩子们同意的前提下，我把视频剪辑出来，在班会上放给大家看。很多同学都听到了其他同学对自己的道歉，最终一段段友谊加固，一个个误会化解。我也为自己之前做得不好的地方向学生们道了歉。通过这样的活动安排，让学生们意识到，"道歉"并不是一件难为情的事。相反，它会化解矛盾，促进友谊。

类似这样的事，如果把它们当作教学之外的"杂事"来处理，老师一定会觉得不堪其扰。但如果转变思路，这些事都可以变成教育学生的契机，引导学生成为一个更好的人。

安排：做好时间规划

· 叶德元

除了教学工作外，老师每天还要处理很多"杂事"，那么，怎样才能保证在教学上有充分的时间呢？我的经验是，一定要做好时间规划。

要做好时间规划,可以从以下几个方面入手。

第一,梳理当天的所有工作,并标明重要程度。每天早上,我都会把当天的工作梳理出来,写在一块小黑板上。比如,作为年级组长,我需要组织全年级老师开一个会;作为班主任,我需要给学生布置画黑板报的任务;作为老师,我需要给两个班上课,同时备好明天的课……所有工作我都会一项一项列出来,标明重要级别。最重要的画三颗星,比较重要的画两颗星,一般重要的画一颗星,完成一项就打个钩。

第二,梳理当天重要的时间节点。比如,上午九点半到十一点半我有两个班的历史课,下午三点到四点有一个年级例会,这两个时间是固定的。除此之外的时间是我自己可以安排的,我会把今天要做的事一一对应到相应的时间规划里。

第三,利用好整块的时间。有时候学校会组织一些大型活动,比如运动会、话剧节、合唱比赛,需要大量时间和精力来安排,很多年轻教师对此特别焦虑。我的建议是,对于这种活动,一定不能零碎地做。我们学校第一次举办话剧节时,要求每个班排一个话剧。我拿到任务之后的第一件事就是看课程表。因为是艺术活动,所以可以利用音乐课、美术课排练,但音乐课和美术课并没有连在一起,一节课45分钟,刚把学生组织好就下课了,这样肯定不行。因此,就需要老师协调其他课的时间,把美术课和音乐课换到一起,一次90分钟就可以排练不少内容了。

第四,尽量节约时间。比如,很多老师在排练时会说:"刚才那遍做得不错,我们再来一遍。"这样做是没有意义的。如果老师没有找到让学生再来一遍的"质量提升点",就不要浪费时间,一定要保证用于排练的每一分钟都被充分利用。这都是对时间的规划、协调、整合。

因为做到了以上几点,在第一次话剧节的时候,其他班的老师都觉得时间不够,有的班级放学之后还在排练;但我们班既没有占用放学之后的时间,也没占用自习课。到了第二次话剧节,我把这个方法分享给全校老师,他们在排练安排上有了明显的进步,学生们再也不用晚上排练到八九点钟才回家,也不需要周末到学校参加排练了。

从我的亲身经历可以看出来,如果合理规划时间,留给自己用于教学研究的时间一定是够的。我教书18年,现在还担任班主任、年级组长和校级干部,行政事务很多,但我每一年的课件和教案都是重新思考过、更新过的。作为年轻老师,一定要找到适合自己的时间规划方法,在其中找到各项工作的平衡点。

CHAPTER 3

第三章
迎接教改

我能做教师吗

按照"前途丛书"的一般结构,"新手上路"之后,紧接着是"进阶通道",我们会为你介绍这份工作的资深从业者的工作日常。对于很多职业来说,入职前三年,你做的往往是基础性工作;五年后,你可能会开始带团队,进入公司的中层,工作内容会发生很大的变化。

但教师这个职业有所不同,一个老师从入职到退休,工作内容大致相同,只是不同工作经验的人在教学的熟练程度和水平上有所不同。

鉴于这种情况,我们舍弃了职业预演之旅的传统安排,为你设置了一个特别的部分——"迎接教改"。

你可能会问,"教改"到底改了什么?为什么要改?

在传统的教学模式里,老师教给学生知识,学生学习知识,最终的目的都是为了通过考试。由此带来的恶果是:一方面,学生在学校里学到的知识无法应用到实际生活中;另一方面,在离开老师和学校后,学生也缺乏独立获取知识的能力。而这正是新一轮教改要解决的主要问题。

为此,新教改抛弃了传统的教学模式,提倡"深度学习",目的是让学生学会学习,学会独立解决问题。在学生们进入社会后，不管遇到什么样的问题和挑战，他们都可以自如应对。

那么，"深度学习"这种模式具体应该怎么操作呢？不仅很多教师不明白，甚至很多学校的负责人对"深度学习"的理解也并不到位。在这种情况下，他们可能还要面对上级对于落实新教学模式的检查，因此会产生一种力不从心的失落感。

在"迎接教改"这一章，我们将为你详细介绍"深度学习"。北京十一学校是新教改进行得比较早、比较彻底，成果也比较突出的学校之一。在这一章，我们主要采访了罗滨老师和闫存林老师。罗滨老师参与过新教学模式的顶层设计，在理论研究方面很有心得。闫存林老师是北京十一学校的语文学科主任，他对新的教学模式有着深刻的理解，不仅在教学中极好地运用了这套新模式，还被全国多所学校邀请，进行新教学模式的培训和辅导。在这一章的开始，罗老师会先给我们介绍本次教育改革的缘起和想要达到的目的，帮你深入理解新教学模式的优胜之处；接着，闫老师会为你分享他在语文教学中，对"深度学习"教学模式的运用经验，极具操作性。虽然是以语文教学为例，但重点在于展示具体的教学方法，对于其他科目的教学同样适用。

需要提醒的是，由于这是一套崭新的教学模式，阅读起来可能会有点"烧脑"，需要你集中精力。但是，付出总会有收获的，当你读完这一章，一定会对"深度学习"这个教学模式建立全面深入的认识。

深度学习是一种怎样的教学模式

关键：让学生自主学习

·罗滨

在教学中，很多老师会遇到这样的情况：

在考试后讲评试卷时，听到学生无奈地说：老师一讲我就明白，但考试的时候自己就是不会解题。

在课堂上把知识点讲了三四遍，但考试的时候学生还是会错。

投入的时间、精力很多，学生就是不认真学。有时老师陪着学生学到晚上九点，第二天学生一来，老师再问昨天晚上教的题怎么做，发现学生又忘了。

很多老师认为，这种情况几乎无解。有的学生就是不理解知识点，要么记不住，要么记住了不会用。还有的学生对学习完全没兴趣，老师再努力也没有用。实际上，这些情况很大程度上是由传统的教学模式造成的。通过转换教学模式，可以大大地改善甚至解决这些问题。

由教育部基础教育课程教材发展中心（现已改名为"教育部基础教育课程教材研究所"）主持的"深度学习"教学改进项目就是针对这些问题进行的。"深度学习"的核心是让学生而不是老师成为课堂的主体，老师不是把所有知识一股脑讲给学生，而是通过"单元学习"[1]，引导学生自主获取知识。

新的教学模式给课堂带来了怎样的改变呢？

让我们想象一下自己当年上学时的情景：老师一个人在讲台上拼命讲，讲台下面的学生拼命记，至于讲课的内容学生能听进去多少、理解多少，老师只能通过提问个别学生来获得反馈。

但新的教育模式是：在备课的时候，老师首先要研读教材、课标，然后设计出一个学习单元，设置单元学习主题、单元学习目标和单元学习活动（或者叫"学习任务"），同时制定出最后用来评价学生学习成果的标准。到了上课的时候，老师会给学生布置学习任务，只要完成这个任务，学生就能掌握学习单元的知识点。

---

[1] 单元学习是实现"深度学习"的一种方式。现在"深度学习"大部分采用单元学习的方式进行。

区别：深度学习和传统教学模式的不同在哪里

· 闫存林

我们用一个具体的案例来解释一下传统教学模式和"深度学习"教学模式的区别。

《史记》中有很多名篇都进入了中学课本，如《项羽本纪》《高祖本纪》《孔子世家》《陈涉世家》《越王勾践世家》《廉颇蔺相如列传》等。在传统教学模式下，老师一般采用文本精读的方式，带领学生把文言文拆分成字词句篇进行解读，给学生依次讲解相关知识点（参见表3-1）。

表3-1 《史记·高祖本纪》相关知识点

通假字	①"此两家常折券弃责。""责"通"债"，债务。 ②"遂坐上坐，无所诎。""诎"通"屈"，谦让。 ③"诸所过毋得掠卤。""卤"通"虏"，俘虏。
古今异义	①"不事家人生产作业家人。"家人：古义，平民百姓；今义，一家人。 ②"诽谤者族。"诽谤：古义，公开批评、议论；今义，无中生有，说人坏话。 ③"待诸侯至而定约束耳。"约束：古义，规约，规章；今义，限制使不出范围。 ④"稍征关中兵以自益。"稍：古义，渐渐；今义，稍微。
词类活用	①使动用法："降章邯。"降：使……投降。 ②意动用法："父老苦秦苛法久矣。"苦：以……为苦。 ③名词作状语："项羽与宋义北救赵。"北：向北。

讲完这些知识点后，就开始分析每篇文章中的人物形象，归纳人物特征。老师在讲台上讲，学生在下面做笔记，学生是否真的听懂了，是否真的理解并记住了知识点，老师并不知道。

如果是"深度学习"模式，老师就会把课本中出自《史记》的所有文章集合起来，作为一个学习单元，进行单元教学。北京十一学校语文教研组的史建筑老师就是这样做的，下面是他设计的学习单元：

学习主题:《史记》

学习目标：

1.能够从每位史传人物的重要事件中提取关键信息并加以分析，概括出对人物性格特点的基本判断。

2.能够通过置换、排除、重组等方式进行横向比较，进一步认识不同性格、不同时代人物的组合带来的可能性。

学习任务：我来任命"史上最佳君臣组合"

持续性评价：过程评价＋结果评价

史老师提出的学习任务是评选出"史上最佳君臣组合"，

学生们要做的第一步是读《史记》,过程中遇到不懂的字词,通过查阅字典等方式及时解决;第二步,理解这些历史人物的特点。在完成学习任务的过程中,学生自然而然地掌握了知识,老师也自然而然地达成了教学目标。

为了帮助学生把历史人物的特点弄清楚,史建筑老师还给学生提供了一个工具——《史传人物性格品质鉴定书》(参见表3-2),学生可以把人物、事件和关键信息提取出来,方便后续判断。

表3-2 史传人物性格品质鉴定书

	事件	关键信息	基本判断	角色可能性
篇目及人物	包括生平、关键事件、主要事迹等,可列出你认为重要的多个事件。	提取出符合人物性格特点的词汇、语句。	概括出初步印象和基本判断。 初步印象:由局部得出的判断。 基本判断:经过多次阅读验证后的判断。	君□ 将□ 相□

梳理完每个历史人物的特点后,学生们就要开始搭配"最佳君臣组合"了。那么,什么样的搭配才是一个好的君臣组合呢?史建筑老师从原则性、合理性、创意性三个维度提出了一个好的君臣组合需要达到的标准(参见表3-3)。

表3-3 "最佳君臣组合"配置量规[1]

	高能配置级	标准配置级	尚需改进级
君臣组合原则性	完全摆脱历史人物原有身份,打破时空限制,依据"君—将—相"各自职能标准组配适合的人选,并清晰阐述最佳组合的理由,追求团队效益最大化。 组合中的每个成员在文中体现出的性格及精神特质与其所处的岗位职责高度一致。	摆脱历史人物原有身份或打破时空限制,依据"君—将—相"各自的职能标准组配人选,并能考虑到这样的团队组合所产生的效益因素。 组合中每个成员的性格及精神特质与其所处的岗位职责职能匹配。	仍然受原有历史人物的身份或时空所限,只能通过文本信息建立一一对应关系并按"君—将—相"各自的职能标准组配人选,但缺乏整体观。 组合中每个成员的性格及精神特质与其所处的岗位职责职能一一挂钩,但因对成员个体基本判断的单薄而无法深入分析匹配的多种可能性。
君臣组合合理性	能够灵活运用优选劣汰、性格搭配、成员置换、优势促进、容错互补、合作协同、排除内耗、共同追求等方式,建立最佳组合,且能在放弃或重组组合的横向比较中作出合理性分析。	能够通过优选劣汰、性格搭配、成员置换、合作协同、排除内耗、共同追求等单一方式,建立组合,并能对"最佳"作出合理性分析。	能够通过优选劣汰、成员置换等单一方式,建立起组合,但无法对是否"最佳"作出合理性分析,或考虑的因素不全面、不平衡。
君臣组合创意性	最终方案是在多种备选组合的基础上,多向比较、权衡统筹、慎重考虑之后产生的,且富有创意,能达到情理之中、意料之外的效果。	最终方案是在几种备选组合的基础上、横向比较之后产生的,但创意不够,对组合的更多可能性思考不够充分。	最终方案的确定比较随意,缺乏多种组合和多向比较的基础,缺乏创意。

---

1. 量规是一个真实性评价工具,它是对学生的测验、成长记录或表现进行评价或等级评定的一套标准。

最后，学生不仅要提交自己选定的"最佳君臣组合"，还要写一篇文章说明理由。下面是史建筑老师班上的赵亦阳同学写的"最佳君臣组合"任命书：

> 为振兴华夏，强国富民，革故鼎新，安邦天下，经决议，对以下历史人物委以重任：
>
> 汉祖刘邦，承皇天之眷命，列圣事之洪休，秉性纯良，恭俭仁厚。上敬苍天，下爱子民；修明政治，归顺四方。有察人之慧眼，任贤之胸襟，纳谏之良性；不自矜功伐，不穷兵黩武。知百姓疾苦，休养生息。世人皆以有尧舜之德、治世之能。兹任命刘邦为君，安邦理政，布泽天下，归顺四方。
>
> 齐相管仲，能力高超，官品端正。其为官也，善从民意。内治国务，外善邦交，不违纲本。其为人也，执法严明，心胸宽广，善察人纳贤。且志虑忠纯，不贪不腐，不弛不纵，有王佐之才，安邦之能。兹任命管仲为相，主理诸部事务及外交之事。
>
> 卫人吴起，武功高强，熟谙兵法，既可冲锋陷阵，身先士卒，亦能运筹帷幄，决胜千里，又深察政务，通晓政事。兹任命吴起为将，主理军政要务。
>
> 刘邦善察人、用人，可使将相最大限度发挥其

能力；管仲拜相，则内政无忧，邦交无虑；吴起拜将，则边境无患。虽刘邦时有疑心，然管仲与吴起皆有敏锐嗅觉，故能适时调整，因时而化；管仲虽贪利好名，然不至利令智昏，公私不辨；吴起虽妒忌位高权重之人，然其顾大局，识大体，明事理，不至祸起萧墙。况管仲、吴起皆忠君上，明事理，将相定会大和。加之刘邦素用人之长，善于把控。故该组合定能排除内耗，同舟共济，实现效益最大化。由是观之，该组合实为"最佳君臣组合"。

以上任命决定自发布之日起执行。

特此通告。

任命人：赵亦阳

一般来说，一个学习单元会持续两周左右的时间，老师会根据单元主题和单元目标设置学习活动或任务，并提供一定的学习资源和帮助。**有趣的学习任务可以激发学生的兴趣，在完成学习任务的过程中，学生可以掌握知识和技能，形成正确的价值观，成为既有独立性、批判性、创造性，又有合作精神，基础扎实的优秀学习者。**

> 这一篇为你介绍了深度学习的所有环节。接下来，我们一起仔细看看各个环节具体应该怎么操作。

如何制订学习目标

有据可依：学习目标要基于多重来源

· 闫存林

很多老师都有一个不太好的习惯——不关注学习目标。他明白一个完整的教学设计应该有学习目标，在参加教学比赛时，会制订诸如"培养学生的爱国主义精神""培养学生的审美情操"这样的学习目标。但在没人检查、监督的时候，他就放松了对学习目标的重视，只准备上课需要学习的内容。这种做法是万万不可取的。

学习目标是教学所要达成的结果。作为老师，如果没有把学习目标弄清楚，整个教学活动就没有方向，他也不会清楚通过这几节课的学习，学生达到什么样的程度才算合格。这是对自己、对学生不负责任的表现。

那么，老师制订学习目标的依据有哪些呢？一般情况下，学习目标的来源主要有以下几个方面。

第一，课程标准。课程标准可以说是各科教学的"宪法"，老师在教学过程中应该不折不扣地执行。2017年，国家组织修订并颁布了《普通高中课程方案和语文等学科课程标准》，2022年又颁布了新的课程标准。与旧课标相比，新课标的教育理念发生了很大变化，其中一个重要转变是大大增强了可操作性。新课标明确将高中各学科的学业质量分为五个等级，每个等级都有明确的要求和四个不同的考核维度。

第二，学生的学情。这届学生和上届学生不一样，十一学校的学生和人大附中的学生不一样，所以，老师要根据学生的不同情况制订不同的学习目标。比如，这个学习单元要阅读《红楼梦》，一般来说，学习目标是引导学生了解小说里的人物关系和情感。但是，如果这届学生的水平比较高，已经掌握了《红楼梦》里的人物关系和情感，那么老师就可以引导学生向家族史、明清文化方向进行深入探讨。

第三，单元主题。这是学习目标最直接的来源，比如，这个学习单元的主题是纪实文学，那么学习目标可以设置为"能够识别并分析纪实类文章的叙述策略，例如修辞手法、独特的开头方式""能够分辨纪实文学与其他叙事类作品的区别，了解纪实文学的特点"，等等。

第四，社会需求。美国教育学家拉尔夫·泰勒在《课程与教学的基本原理》中提到，设计学生的学习目标时，必须考虑到社会的需求。学校不仅是封闭起来对学生进行理想教育的场所，还要关注社会对学科的需要，以免学生走向社会后觉得脱节。比如，在带领学生学习《乡土中国》这个单元时，老师要引导学生探究目前的生活方式中还有多少乡土中国的特征；又比如，针对当下出现的碎片化阅读现象，老师要注意培养学生学会处理深度阅读和碎片化阅读之间的关系。

字斟句酌：学习目标需要认真打磨

· 闫存林

了解了制订学习目标的依据，接下来就可以正式制订学习目标了。要想组织好"单元学习"，一定要先制订好学习目标。

学习目标应该怎么制订？什么样的学习目标才算合格？有两个参考原则：第一是以学生为主体，第二是具有可操作性。

第一个原则"以学生为主体"是说，在行文和表达时，主语必须是学生。比如"培养学生的爱国情操"，这个学习目标的主语就是老师，不符合以学生为主体的原则。

在动词的选择上，要尽量避免类似于"培养"这样的词，因为"培养"的主体是老师。在学习目标中出现的句式,通常是能愿动词加上可操性强的动作,比如能够说出,能够理清,能够画出,能够梳理出,能够写一段什么样的文字,等等。具体来说,又分为下面四个层级。

识记层面:能够记忆某项知识。比如,(学生)能够识别、能够记住、能够说出课本上的基础知识,能够记住李白的字、号和文集名称,能够说出3～5本鲁迅的作品集,等等。

理解层面:能够理解一个概念。比如,(学生)能够用自己的语言转述、复述零度新闻[1]的基本内涵,能够画出《乡土中国》的思维导图,等等。

问题解决层面:能够做一件完整的事情,完整解决一个问题。比如,(学生)能够借鉴古人的说服技巧写一篇说服他人的文章,能够完成一篇纪实文学作品(不少于5000字),等等。

鉴赏评判层面:能够对两个相似的东西进行品评鉴赏。比如,(学生)能够鉴别两篇文章的好坏,能够说出刘邦和项羽在性格上的不同点,等等。

---

1. 法国文学批评家罗兰·巴尔特在《写作的零度》中谈到新闻报道的客观性时,将其称为"零度的写作"。"零度新闻"强调新闻写作者要尽量摒弃自己的主观意志,用极其客观的角度进行写作。

优秀的老师在确定学习目标时,一定是分层次设计的。从以上四个层面进行设计,目标就不会重复,也不会遗漏。

第二个原则"有可操作性"是说,老师要明确给出学生需要达到的程度。 以语文为例,比如对这个问题进行思考并写出一篇不少于 600 字的文章;针对这个问题进行文献综述,在老师提供的五篇文章中,至少选用三篇文章的主要观点来佐证自己的观点。其中的"600 字""三篇文章"就是最低的达成度。一定要有明确的量化标准,学生才会知道做到什么程度可以过关。

很多老师不愿意写学习目标,觉得没用,这是因为他写的目标根本实现不了。比如"培养学生爱劳动的精神",这个目标在实践时就会遇到困难。一节课 45 分钟,如何证明学生被培养了爱劳动的精神?这就不是好的学习目标。

北京十一学校现在实行集体备课,其中一个重要的工作就是带领老师们叙写学习目标。我作为教研组组长,一般会要求每个老师自己先写几条学习目标,然后大家一起讨论,选出三四条,并经过仔细打磨,最终确定学习目标。

简单易行：用 ABCD 法制订学习目标

· 罗滨

有一种叙写学习目标的思路，叫 ABCD 法。教师可以围绕行为主体、行为、条件和程度四个要素来架构学习目标。

A 即"行为主体"（audience），意为"教学对象"，是目标表述句中的主语。在深度学习的框架之下，学习活动的行为主体一定是学生。

B 即"行为"（behavior），意为学习者应该做什么，是目标表述句中的谓语和宾语。谓语可以是意义明确、易于观察、便于检验的行为动词，如"认出""说出""描述""解释""说明""分析""评价"等；宾语则用来说明学习的内容，如"人体骨骼的名称""植物细胞和动物细胞的异同"等。在这样的动宾结构中，宾语一般和具体的学科内容有关。

C 即"条件"（condition），意为上述行为在什么条件下发生。它既可以说明学生要在什么样的情境中完成规定的行为，如"用所给的材料探究……""通过合作学习小组的讨论，制订……""通过自行设计小实验，体验……"等；也可以说明在什么情况下评价学生的学习成果，如"在 30 秒内完成 10 个仰卧起坐"，其中"30 秒内"就是评价学生的条件。

D即"程度"(degree),意为上述行为的标准是什么,用以测量学生学习成果所达到的程度。如"能准确无误地说出……""详细地写出……""客观正确地评价……"等表述中的状语部分,就限定了目标水平的表现程度。又如"在吹奏竖笛的考试中,如果出现两处以上错误,就为不合格",这个标准规定了行为的准确性。

举个例子:在初中化学"多角度认识物质的化学变化"学习单元里,其中一个学习目标就可以是:

通过对熟知的生活情景素材的分析和讨论(条件),能够认识化学变化中存在的物质转化和能量转化(行为),建立"一定条件下物质可以转化"的基本概念(标准)。

曾经有网友盘点过数学课本上的"奇人":总是喜欢将小鸡和兔子装进同一个笼子的"变态老农";一边注水、一边放水的"疯狂泳池管理员";喜欢爬立方体还必须沿着最短的路线,从一个点爬到另一个点的"强迫症蜘蛛";爬两米必须往下掉一米的"奇怪蜗牛";早早出门却故意放慢脚步,只等哥哥追上的"傲娇小明"。

之所以会有这种盘点,是因为过去的很多应用题在设置情境时,往往脱离现实。学生在学习时,觉得现在学的东西以后用不上，久而久之就会产生厌学情绪。而"深度学习"强调，老师在给学生布置学习任务时，一定要注重培养学生在真实情境下解决问题的能力。

如何设置学习任务

任务数量：单一核心任务和多个关键任务

·闫存林

深度学习强调"从教到学"的转变，强调教学活动从以教师为中心转变为以学生为中心，从以教师的"教"为中心转变为以学生的"学"为中心。在引导学生深度学习的过程中，如何设置学习活动，或者说学习的核心任务，是很多一线老师所面临的最重要的问题，也是最困难的问题。

核心任务的设置有两种类型：单一核心任务和多个关键任务。

第一种类型，单一核心任务，指的是一个学习单元只有一个核心任务。比如，一个单元要学习两到三周的时间，学习材料比较多，学生容易没有重点和入手点。这时，老师就可以设置一个核心任务贯穿始终。学生只要完成核心任务，这个单元学习的任务、目标基本就可以达成了，这是一种比较理想的情况。

下面举一个比较典型的例子，是我在一本小说中看到的。虽然这件事可能并没有真实发生过，但它很好地说明了什么叫"用一个核心任务贯穿始终"。

美国曾经有一所小学，坐落在一个特别落后的地区，学生不多，素质也特别差，基本上都不愿意上学。每次老师一上课，孩子们就开始捣乱，老师根本讲不下去课。后来，一个新校长来到这所学校，彻底改变了学校混乱不堪的局面。他是怎样做到的呢？其实说简单也简单，靠的就是一个贯彻始终的核心任务。

校长跟学生说，大家之所以不想读书，是因为这所学校不好。既然这样，那就不读书了，我们一起把这所学校改造成你们想要的样子。校长就开始跟孩子们商量，比如图书馆的灯太暗了，改明亮一些；方形的校园绿化带不好看，改成圆形的……整个学校，只要有不满意的地方，都可以改造。所有人一起确定目标，用一年时间把学校改造完成。

这其实跟单元学习的过程很相似。改造学校，就是一个贯穿始终的核心任务。在完成这项核心任务的过程中，学生会发现种种问题，并试着去解决问题。比如，一个学生想在这里放一张桌子，能不能放下？这就需要算出桌子和这个地方各自的面积，对比一下哪个面积大。学生不知道怎么算，校长就让他找数学老师，学习怎么测量面积。学生想要设计一个书柜,校长就让他去问工程设计老师,学习怎样把书柜设计得又美观又坚固。学生画完图纸,想让其他孩子一起帮忙做书柜,就要把做书柜的原因告诉他们,如何才能有效地表达自己的想法并说服他人呢?校长让他去找语文老师……

在完成"改造学校"这个核心任务的过程中,基本上每个学科都介入了。当学生发现自己有知识欠缺、结构欠缺、能力欠缺的地方,就去请教相应的老师。平时学生不喜欢上课,现在为了解决实际问题,他们听得特别投入。上完课,学到了自己想了解的知识,他们就马上利用知识去解决问题。整个学习的过程不是按照课程表一节课一节课上的,而是遇到问题才去上课,上完课之后去解决问题,如此循环,最终完成任务。

第二种类型,多个关键任务。对于一个学习单元来说,如果设置一个贯穿始终又面面俱到的核心任务比较困难,老师就可以同时设置多个关键任务。这几个关键任务之间各自独立又相互联系。通过完成这些任务,最终达成学习目标。

比如这个学习单元要阅读《红楼梦》,老师希望学生了解三个方面的内容:

第一,贾宝玉和林黛玉这条爱情线是怎样发展的。这是《红楼梦》最主要的故事线。学生要理解宝黛之间爱情的发生、发展,最终以悲剧结束的全过程,并探讨造成悲剧的原因是什么。

第二，贾府是如何由盛转衰的，学生要梳理它的表象和背后的原因。

第三，《红楼梦》里的诗歌有什么突出的特征，诗歌是怎样隐喻人物命运的。

学生在高中阶段读《红楼梦》，如果能掌握这三方面的内容，那么他的学习目标就基本达到了。但是，要让学生明白这些内容，一个核心任务是不够的，于是我们设置了三个任务：

> 第一，用折线图的形式画出宝黛情感发展的曲线，标明他们感情发生变化的每一个转折点。
>
> 第二，找出贾府盛衰变化的几个关键节点，并标记出大致时间。
>
> 第三，模仿《红楼梦》里的诗社，组织一个诗会。参会的学生要扮演小说中的某一个角色写一首诗，大家一起来评价这首诗写得好不好，是否符合人物的特征。比如，一个学生扮演林黛玉写了一首诗，参与诗会的人要一起讨论这首诗写得如何，不仅要讨论这首诗本身写得有没有艺术性，还要点评这首诗像不像林黛玉写的，从哪里能够看出林黛玉的性格特点。

像《红楼梦》这样比较复杂的文本，往往需要设置多个任务来帮助学生完成学习目标。新手老师如果暂时没有能力设置一个贯穿性的学习任务完成教学目标，可以从设置几个关键性的学习任务开始入手。

设置原则：任务设置要基于学习目标和真实情境

·闫存林

设置学习任务虽然有一定的难度，但不能有畏难情绪，想着随便设置一下好了。老师在编制学习任务单元时，需要遵循两个原则：基于学习目标和基于真实情境。

第一个原则是基于学习目标。在设置学习任务时，不论老师还是学生，都要明确学习目标。即使是同样的学习内容，学习目标不同，设置的学习任务也不相同。

比如，对于《西游记》这部名著，初中生的学习目标是掌握主要故事情节和主要人物的性格特征，给初中生设置的学习任务可以是：

> 你现在已经是一名中学生了，你的小学班主任想请你回小学给自己的学弟学妹们讲一讲《西游

记》中的故事。你可以自己选择要讲的章节，告诉学弟学妹们《西游记》中你最喜欢的人物形象以及喜欢他的原因。讲完之后，请你再分析一下这个故事的意义是什么，应该学习人物的哪些优点，应该克服哪些缺点。

要完成这个任务，学生就要把《西游记》整本书读完；要向学弟学妹们讲自己最喜欢的人物形象，就要了解这个人物的特点。

而高中生学习《西游记》的目标，是理解中国古代章回体小说的结构、语言风格，学会如何描述一个场景等。那么，给高中生设置的学习任务就可以是：

请在第三十一回和第三十二回之间加一回，补充一个新的故事情节。

这个任务看似简单，实际包含的要求却不低：

第一，《西游记》是中国古代长篇章回体小说，语言风格跟现在的书有很大差异，你得熟读《西游记》，才能不露痕迹地模仿它的语言；

第二，因为是在两回之间加一回，你起码得知道孙悟空在前一回干了什么，取经的师徒四人已经走到哪里了，接下来会走到哪里，做到衔接自然；

第三,你要想象这一回孙悟空可能会遇到什么样的妖怪,这个妖怪与《西游记》里其他妖怪不能重复;

第四,你要准确掌握主要人物的性格,不能写得唐僧不像唐僧,猪八戒不像猪八戒;

第五,新加的这一回需要有故事张力,有精彩的故事情节;

第六,《西游记》里在描写场景时常常会插入一首诗,所谓"有诗为证",新加的这一回里也要有诗歌。

为了完成学习任务,学生会主动去读小说,掌握《西游记》的语言风格、人物的性格特征、妖怪的出场方式和武器,等等。很多学生之前读到"有诗为证",基本上就直接跳过去了,现在必须停下来细细品读,分析这首诗的写作手法,并且尝试进行模仿。在任务的驱动下学习,任务完成了,学习目标也就达成了。

第二个原则是基于真实情境。比如,学习任务是做一个社会访谈,了解老北京的文化,那么学生就要走出校门,寻找采访对象,进行面对面的真实采访。这肯定是一个真实的情境。但现在很多老师认为只有走出教室、走出校园的活动才叫"真实情境",实际上并不是这样。

在校期间,学生的大部分时间都是在教室里,如何在教室这个有限的空间里营造一种"真实"呢？这就涉及对"真实"二字的理解。

一方面，"真实"指的是已经发生了的事，这件事不一定是学生亲自做过的，别人做过的事也可以是真实的。比如，如果你是秦朝的一个臣子，你会给秦始皇写一封怎样的建议书？又比如，假如你是曹操身边的一个人（比如妻子、儿子、士兵、将领等），请你给曹操写一篇祭文，你会怎么写？这些事在历史上肯定有人做过，因此可以算是基于真实情境。

另一方面，"真实"还可以指学生在以后的人生中可能会遇到的事，或者学生将要完成的学习任务就是别人正在做的工作。比如，在新冠疫情暴发时，我给学生布置了一个任务，让他们查阅2003年"非典"时期的资料，给有关部门写一封建议信，第一要指出政府有哪些做得特别好的地方，哪些是重大进步；第二要指出不足之处，有哪些希望政府改进的地方。这个任务可能就是现在很多人大代表正在做的工作。现在的学生以后也可能成为人大代表，这也是他们以后可能要做的工作。这样的学习任务就可以算作基于真实情境设置的学习任务。

在进行教学任务设置的时候，老师一定要注意，别把"真实"这两个字理解得过于狭隘了。

很多孩子都喜欢玩游戏，当他们拿到一款陌生的游戏时，通常不会要求老师、父母给他们讲这款游戏怎么过关，而是调动所有的认知手段进行学习和摸索，在玩游戏的过程中不断升级打怪，最终过关。过关之后，游戏也会及时给予反馈，让孩子们获得成就感和满足感。单元学习的模式与游戏的模式类似，都是为了激发孩子们的好奇心和求知欲，让他们在完成任务的过程中获得新知。

因此，作为老师，如果在设计学习任务时，能把任务设计得更有趣，那么，你的学生学习的积极性就会更高。

循序渐进：把总任务分解为若干子任务

· 闫存林

有的老师认为，把核心任务安排给学生后，可以由学生自主安排学习过程，这样想就大大高估了学生的学习能力。一个核心任务还不足以让学生自己设计学习过程。

学生在学习过程中可能会出现各种各样的问题。比如，如果教师提供了大量的学习资料，学生只阅读了其中一篇，怎么办？如果学生只是大概翻一翻学习资料，没有认真研究，怎么办？如果学生面对任务无从下手，不知道如何去做，怎么办？

为了将学习任务落到实处，老师要帮助学生把总的学习任务分解成若干个子任务，学生只要完成了所有子任务，总的学习任务也就完成了。

比如，北京十一学校每年都会举办一场狂欢节，各个年级的老师和学生一起装扮成各式人物，在操场搭建的舞台上秀出自己的风采。有一年举办狂欢节时，我正好在带着学生学习"侠义文学"，就把这个学习单元和狂欢节联系了起来。

当时，关于"侠义文学"，语文教研组给学生准备了一些阅读资料，如《史记·刺客列传》《史记·游侠列传》《虬髯客传》等。基于"侠义文学"这一主题，每个班的语文老师都给学生布置了一项任务——在学校里选择一位老师，请他在狂欢节上装扮成你喜欢的侠义人物。这个任务让学生们很兴奋，但想完成这个任务并不容易。为了让学生顺利完成任务，老师需要帮助学生把总任务分解成以下几个子任务：

任务1：找出五位侠义人物，用准确的词语概括人物的个性特征；

任务2：概括人物形象的相同点与不同点；

任务3：写出你最想设计的人物、比较想设计的

人物与最不想设计的人物,并说明理由,给出证据;

任务4:请你写一封劝说信,说服一位老师同意装扮成你最终选择的侠义人物;

任务5:完成人物出场设计(先独立完成,然后分组合作)。

其中任务1、2基于文本细读,相对比较基础。任务3通过不同人物之间的比较,帮助学生更深入地理解人物,因为只有比较才会凸显特点。这个任务还可以引导学生阅读更多的文本,如果只阅读一两篇材料,就无法完成任务3。而任务4直接指向了文本的深入研读。为了增加任务4挑战的难度,语文老师们还在全校张贴海报,告诉全校的各位老师不要轻易答应学生的请求,明确提示学生要通过感情真挚、内容精彩的劝说信,才能最终打动老师。任务5需要为人物设计一段出场词,并对人物进行简单的服装、发型等的搭配,这就要求学生对人物的性格及其所处的时代背景、文化特征等有更深入的了解。当学生把这五个子任务完成,总的学习目标也就达成了。

又比如,有一次我去给深圳一所学校的学生讲课。当时我给学生布置的任务是:现在面临新课改,老师要编写新教材。如果你是编教材的老师,请在给定的十五首诗里挑出四首，编写一个诗歌单元。

如果直接把这个总任务扔给学生，学生根本不知道从哪里入手去做。这就需要老师对这个任务进行拆分：

任务1：确定单元主题。单元主题的确定有几个标准，一是不能按照作者挑，比如挑四首李白的诗歌；二是不能按朝代选，比如选四首唐代的诗歌。其他标准，比如诗歌的主题、写法、风格等，都可以。

任务2：在没有入选的诗歌中选出两首，说明它们没有入选的理由。

任务3：给这四首诗歌中你认为的学习难点加注释，但不能给所有的字词都加注释。做注释时，对于不懂的字词，可以查字典，也可以问老师。

任务4：写出你认为的这个单元的重点和难点，以及老师应该如何帮助学生突破。

任务5：编写单元说明，说明学习的目标和学习的意义。

这所学校学生的基础水平并不是很高。我去之前，当地的老师还很不放心，对我说："闫老师，你要做好准备，我们的学生学习程度不高，可能不会很好地跟你配合。"我回答道，"配合"的意思是学生配合我，是我作为老师在表演，这种教学观念可能需要改一改，我的职责是去配合学生。

实际上，即使是基础没有那么好的学生，在有了非常明确的子任务后，他们既知道如何去做，也能做得很好。那节课上得非常成功，不断有学生举手提问，大家都积极参与到学习中来。当地的老师十分惊讶，说从来不知道自己的学生可以达到这样的水平。[1]

在"单元学习"中，核心任务统领了学生的单元学习过程，而子任务又是对学习过程的细化。之所以要设置子任务，是为了解决学生面对总任务不知如何下手的问题。所以，拆分出来的子任务，最大的特点就是要让学生能够直接上手操作。

但是，如果子任务设置得过细过多，也会限制学生的探索空间。老师一定要把握好子任务设置的数量，以及设置的梯度，由浅入深、层层深入，逐步引领学生进行学习。

看到这儿，你是不是心里在想："这种教育模式确实是很好，但是如何保证学生的自觉性呢？我把任务布置下去了，

---

1. 很多老师认为素质差的学生会不适应单元学习，但通过教育工作者的实践发现，即使是在学生成绩相对比较差的学校，单元学习对学生的成长也大有帮助。

学生会自己安排好时间认真学习吗？万一两周过去，他们没完成多少学习任务，怎么办？万一他们在学习中遇到问题，却不来问我，怎么办？"

实际上，在"深度学习"模式中，老师有一个非常重要的任务，就是帮助学生养成自主规划学习的能力。这种能力的养成甚至比传授知识更重要。在新的教学模式下，布置完学习任务并不意味着老师的工作已经完成，在接下来的时间里，老师还要采取有效的方法监督学生的学习。

如何保证学生完成学习

正向引导：为学生搭建合理的"学习支架"

·闫存林

不少人认为，"深度学习"一方面给了学生很大的自主性，另一方面又容易造成两极分化——好学生越学越好，成绩差的学生因为缺乏老师讲课引导，更难学到知识，长此以往，干脆放弃学习。这种看法其实是一种误解，因为它忽略了单元学习过程中的一个重要内容：学习支架。

所谓学习支架，指的是在学生试图解决超出当前知识水平和能力的问题时，教师应该给予的支持和指导。学习支架是一个很好的帮助学生学习，帮助老师及时了解学生学习进度、判断学习成果的工具。当学生已经具备相关的知识和能力时，老师应及时撤去支架。打个简单的比方，一个小孩子要学游泳，家长为他准备的游泳圈就是一个学习支架。孩子可以借助游泳圈学会游泳，但等他真正学会游泳之后，游泳圈就不再需要了，可以及时撤下。

在传统课堂上,老师负责教,学生负责学,几乎不需要学习支架。而"单元学习"模式将课堂转变为学生在老师指导下进行自我学习,学习支架就变得十分重要。

那么学习支架有哪些类型呢?

第一种学习支架,是补充性学习材料。比如包括对学生理解学习单元、完成学习任务有帮助的辅助资料,拓展性的学习资源,与课程相关的背景资料,等等。这些都需要老师精心寻找和安排。

以前文"侠义文学"这个单元为例,当时确定的学习目标是:

1. 能用关键词概括侠义人物的主要特征,比较五位人物,说出其异同。

2. 能结合材料,立足于现实与历史,对侠义人物作出合理评价。

3. 能够对侠义精神与现代社会的关系有一定的看法。

核心任务是:

又要到狂欢节了,请诸位同学在深入阅读侠义文学的基础上,为老师设计一位侠义人物角色,并进行装扮。

为了完成这个任务,学生首先需要了解有哪些侠义人物,各自有什么样的特点。教材中有两篇文章可以成为学生的阅读对象,即《史记》中的《刺客列传》和《游侠列传》,但这远远不能满足学生的需求。这时,老师就需要给学生提供扩展性阅读资料,帮助学生完成学习任务。于是,我就把唐宋传奇、明清笔记中与侠义人物相关的文学作品加入学生的阅读范围。为了兼顾古代文学和现当代文学的平衡,我还找到了金庸的武侠小说。最后,我提供给学生的学习资源是:

教材:《史记·刺客列传》《史记·游侠列传》

古代文学:《虬髯客传》《聂隐娘》《红线》《昆仑奴》《大铁椎传》[1]

现当代文学:《射雕英雄传》片段

这些学习资源,老师可以全部自己找出来,直接给学生;如果学生能力强,老师也可以只提供参考书目,让学生自己去找。

过去上语文课,老师会给所有学生细讲文章以及相关的

---

1. 《虬髯客传》《聂隐娘》《红线》《昆仑奴》四篇都是唐宋传奇,《大铁椎传》是清代文学家魏禧的一篇传记散文。

创作背景。但在"单元学习"中,这些都不再专门讲授,而是作为学习材料提供给学生。每个学生的基础不一样,要学的文章和背景知识有的学生早就知道,有的学生却没听说过。这样做,他们就可以根据自己的情况选择阅读哪些资料。

第二种学习支架,是老师为学习任务搭建的"梯子"。比如,在"曹操"这个学习单元里,学习任务是为曹操写一篇祭文。我给学生准备了大量祭文,要求他们在阅读材料时回答下面几个问题:

> 1. 文言文祭文与现代文祭文除了语言上的不同外,在写法上有哪些不同之处?
>
> 2. 祭文最让你感动的地方是什么?相比较而言,你感触最深的祭文与最无感的祭文分别是哪篇?请说明理由。
>
> 3. 归纳祭文常用语句。

学生带着这些问题阅读材料,就会对祭文这一文体有一个大致的了解。搭建"梯子",不仅有助于学生完成学习任务,也可以让老师通过学生对这些问题的回答,及时掌握他们的学习情况。

第三种学习支架,是明确学习成果的评价标准。比如说量规,老师要让学生知道,学习到什么程度才算合格、什么程度才算优秀。在"侠义文学"这个学习单元,学习任务是让学生选择学校里某一位老师,给他写一封劝说信,请这位老师在狂欢节那天扮演成自己指定的侠义人物。那么,如何评价这封劝说信写得好不好呢?我们设计了三个等级的评价标准(参见表3-4)。明确的评价标准,有助于学生建立明确的目标,更好地完成学习任务。

表3-4 "侠义人物"劝说信评价标准

	3(示范级)	2(合格级)	1(需努力)
事	语言简洁凝练,侠义人物形象特征概括准确,可以让老师清晰地明白扮演人物及其形象特征。	语言较凝练,侠义人物形象特征概括较准确,可以让老师基本明白扮演人物及其形象特征。	语言冗余,侠义人物形象特征概括模糊,不能让老师明白扮演人物及其形象特征。
理	有充分的理据让老师明白自己与侠义人物的紧密联系,以及自己扮演该角色的重要意义。	有较充实的理据让老师明白自己与侠义人物的联系,以及自己扮演该角色的意义。	理据不充分,不能让老师明白自己与侠义人物的联系或扮演该角色的意义。
情	语言得体,使用尊称、问候语等,以情动人,让老师欣然接受。	语言较得体,使用尊称、问候语等,能让老师接受。	语言生硬,未能使用尊称、问候语等,不易让老师接受。

从传统课堂转换为以学生为主体的"深度学习",是一场并不容易的改革。很多学生在进入这种状态之初会十分迷茫,不知道怎么做,也不知道做得怎么样。这就要求老师及时搭建合理的学习支架,帮助学生更好地完成学习任务,达到学习目标。

学习规划：让学习按部就班地进行

·闫存林

在新一轮教育改革过程中，也有不少人发出质疑：传统的教学是由老师带着学生学习，在讲课、布置作业、检查作业的过程中，老师与学生的联系十分密切，能及时了解学生对知识的掌握程度。而"深度学习"更强调学生自主学习，从而导致老师对学生的学习失去掌控。尖子生有比较强的学习能力，也能够很好地规划自己的学习进度，但中等生和学习能力比较弱的学生就很容易掉队。实际上，这是一种误解。在"深度学习"中，让学生自己制订学习规划，是一个很重要的步骤。老师可以根据学生自己制订的学习规划，及时跟进学生的学习进度，检查学生对知识的掌握程度。

在开始"深度学习"之初，老师首先会把这个单元的学习任务书发给学生。下面是我带领学生学习"讲道理不止一种方式"这一单元时，发给学生的学习任务书。

学习目标：

1. 能够熟练背诵《劝学》《谏太宗十思疏》《师说》《寡人之于国也》《种树郭橐驼传》，掌握若干关键文言词语，并总结文章的主要观点。

2. 能够运用思维导图或表格等方式，分析文章讲道理的主要方式。

3.能够基于写作意图,辨别各种方式在讲道理中达成的效果。

4.能够模仿其中一篇的写法,确定写作对象,讲清楚一个道理。

核心问题:存在一种最佳的讲道理的方式吗?

核心任务:确定一个写作对象,模仿其中一篇学习材料的写法,努力讲清楚一个道理。

学习时长:2周。

学习资源:《劝学》《谏太宗十思疏》《师说》《寡人之于国也》《种树郭橐驼传》。

学习工具:

1.文言语汇进阶表;

2.说理方法分析表;

3.比较短文量规;

4.核心任务量规。

把学习任务书发给学生后,我会要求学生按照自己的节奏制订学习时间规划表。这个规划是完全个性化的,学生可以自己决定每天读什么、读多少。规划一定要清晰明确,对学生而言具有可执行性,对老师而言可以随时检查。

一个好的时间规划表,需要注意以下几个方面:

第一,每天设置的任务数量应该适度。任务过多容易完不成,过少则容易拖慢进度。

第二,任务需要可量化。比如不能写"阅读古代说理性文章",而应该写"阅读古代说理性文章3篇"。

第三,完成每天的学习任务后,要有一定的成果输出。比如做读书笔记、画思维导图等。这样做,既是对当天学习的梳理,也便于老师及时跟进学习进度。

表3-5展现了一个学生的学习时间规划。

表3-5 学生A的学习时间规划

周一	□阅读《寡人之于国也》 □完成并提交《<寡人之于国也>说理的主要方式》
周二	□阅读《劝学》 □完成并提交《<劝学>说理的主要方式》 □选择两篇文章,比较说理方式的不同

续表

周三	☐阅读《谏太宗十思疏》 ☐完成并提交《＜谏太宗十思疏＞说理的主要方式》 ☐完成三篇文章说理方式不同的比较，并分析说理方式不同达成的不同效果
周四	☐阅读《师说》 ☐完成并提交《＜师说＞说理的主要方式》 ☐确定一个写作对象，说明其中的道理
周五	☐阅读《种树郭橐驼传》 ☐完成并提交《＜种树郭橐驼传＞说理的主要方式》
周六	☐整理文言语汇
周日	☐整理五篇文言文中所有的知识点 ☐完成分析图表

这份规划把每天的阅读任务和成果输出写得非常清楚，具有很强的操作性，是一份比较完善的学习规划。但表3-6展示的另一位学生所做的规划就比较粗糙。

表3-6 学生B的学习时间规划

周一	阅读1、2
周二	3、4
周三	5
周四	6
周五至周日	选择主题，完成提纲
	完成综述

这份学习规划只说明了大概的学习内容，每天阅读什么内容完全看不出来。阅读之后也没有相应的成果输出，比如整理阅读笔记。而且，按照他的规划，老师完全无法及时了解他的学习进度。

为了让学生认真对待学习时间规划，我还会把"自我学习规划"作为非常重要的一部分纳入最终考核，满分为5分，根据实际规划的好坏打分。但这个分数并不是一成不变的，倘若经过修改，学生做出了一份更好的规划，就可以重新对其进行评价。

我要求学生把自己的规划发到班级群里，所有人都可以看到。高中生的自尊心都很强，有的学生发现自己做的规划没有其他同学做得好，得分不高，就会认真修改自己的规划，直到也获得一个比较高的分数。

教学的重要任务不仅是让学生获得知识和能力，同时也要培养他自我规划与学习的能力。指导学生进行自我规划，是非常值得老师花时间和精力的。学会自我规划，不仅对学生的学习生涯有很大帮助，更是惠及一生的好习惯。

教改之后，教师应该如何上课

·闫存林

不少人有一个误解——教改之后，老师就不用讲课了。事实并非如此。教改之后，老师依然需要上课，只不过上课的内容和重点与以往有所不同。

现在大多数学校的课程安排还是以单节课为主，每学期都有固定的课程表。这就要求老师根据"学习单元"的具体内容，把握教学节奏，安排好每节课的学习内容。

以学习单元"曹操"为例。这个单元需要两周的学习时间，这两周中有8节课，具体安排是这样的：

第1节课，教师讲解单元学习目标以及学习任务后，学生各自制订学习规划；

第2～4节课，学生根据自我学习规划，阅读老师提供的祭文和悼词材料，回答老师提出的问题，掌握一般悼词的内容和架构；

第5～6节课，学生阅读与曹操有关的诗文传记材料，梳理曹操的主要事迹与成就；

第7节课，学生完成关于曹操的祭文写作；

第8节课，学生分享写作成果，老师答疑。

在老师布置好学习目标和学习任务，搭建好学习支架后，学生就可以根据自己的学习时间规划进行自主学习。在这个过程中，老师暂时不会介入，而是尽量先让学生自己探索。在什么情况下，需要老师进行讲解呢？有以下两种情况。

第一，学生在学习过程中产生的共性问题。比如，我们学校有一个论坛，学生可以在上面发帖提问，知道答案的老师和同学都可以在帖子下回复。在单元学习过程中，我就鼓励学生们遇到不懂的问题先去论坛提问，我也会定期去论坛查看。对于个别的字词问题，我会直接在论坛上回帖；但对于提问比较多的共性问题，如"为什么戏台上的曹操都是白脸"，我就会在课堂上着重去讲。

第二，被学生忽略的重点内容。在自主学习的过程中，有一些深层次的问题是学生很难发现的。比如，《红楼梦》中香菱学诗的部分，香菱写的诗与其人物性格之间有什么关系？她先后写的三首诗之间的关系是什么，背后传达了怎样的写作理念？我在论坛上没有看到学生提这些问题，估计是他们没有意识到这个层面。我在课堂上针对这些问题进行了提问,果然没有学生能答上来。于是,我就给学生详细讲了香菱学诗。

香菱在学诗的过程中写的三首诗,是写作进阶的三个阶段。香菱的第一首诗是这样写的:

> 月挂中天夜色寒,清光皎皎影团团。
> 诗人助兴常思玩,野客添愁不忍观。
> 翡翠楼边悬玉镜,珍珠帘外挂冰盘。
> 良宵何用烧银烛,晴彩辉煌映画栏。

这首诗比较直白,第一句直接讲了月亮挂在中天,夜色寒冷,没有含蓄蕴藉的地方;第三句使用的意象如"翡翠楼""珍珠帘"都是陈词滥调。而且,从这首诗中完全看不出香菱的个人情感。香菱作为一名作者,是完全站在诗歌之外的。

到了写第二首诗的时候,她已经有了明显的进步,从诗歌中能够看出她的个人情感,表达也比较含蓄。这首诗是这样的:

> 非银非水映窗寒,试看晴空护玉盘。
> 淡淡梅花香欲染,丝丝柳带露初干。
> 只疑残粉涂金砌,恍若轻霜抹玉栏。
> 梦醒西楼人迹绝,余容犹可隔帘看。

但这首诗有一个问题，从诗中可以感受到月下的朦胧感，月色中有梅花、有柳丝，但它们都是月色中的情境，而不是月亮本身。

第三首诗，就比前两首高明许多，并获得了黛玉和宝钗的一致叫好：

> 精华欲掩料应难，影自娟娟魄自寒。
> 一片砧敲千里白，半轮鸡唱五更残。
> 绿蓑江上秋闻笛，红袖楼头夜倚栏。
> 博得嫦娥应自问，何缘不使永团圆！

这首诗把前两首诗的几个缺点都改正了，使用了含蓄、委婉、侧面烘托的手法，全诗没有提到一个"月"字，但大家都可以感受到写的是月亮。更重要的是，这首诗里有香菱个人的影子，你可以从中读出她的孤苦和寄人篱下的感觉。

"深度学习"对教师提出了更高的要求。一方面，在学生自主学习、深入学习的过程中，老师要密切关注其进度，以及遇到的问题。尤其是在学生能力提升的关键点，要及时介入和指导，带领学生超越他们原有的经验，建立新的经验。另一方面，老师要不断丰富自己的学养。在传统的教学中，老师是什么水平，教出来的学生就是什么水平；但在"深度学习"模式中,学生通过自主学习,水平的提升可以说是没有上限的。老师的学养如果不跟进,长此以往,甚至有可能被学生超越。

如何启发学生独立思考

·闫存林

在传统教学模式中，老师上完课，泛泛地讲完课本上的知识后，教学活动就基本结束了，老师往往不会再给学生做进一步的延伸讲解。而在"深度学习"模式中，老师要在教学中给学生提出核心问题[1]，让学生在学完本单元之后，依然保持着对核心问题的持续思索。

所谓核心问题，指的是开放性的、短时间内无法给出确切答复的问题。这个问题不仅能引发学生的深度思考，还有可能延续到以后的单元学习中。而那些学生通过查资料就可以获得确定答案的闭合性、知识性问题，比如鲁迅生于哪一年，屈原是什么时期的人等，就不是核心问题。

以"曹操"这个学习单元为例。我给学生设置的学习目标是：通过本单元的学习，能够从特定角度对历史人物做出

---

1. 核心问题需要授课老师在进行教学设计的时候就设计好，在学生完成了这一单元所有的学习任务之后向学生提出，从而使学生在以后的学习、生活中持续思考。

合乎逻辑的评价。核心任务是:

> 曹操是东汉末年杰出的政治家、军事家、文学家。公元220年3月15日,曹操走完了他辉煌的一生,留下无穷的话题任后人评说。请阅读《三国志·武帝纪》以及曹操的代表诗文,并结合当代作家张作耀所著的《曹操传》,深入了解曹操,选择与曹操有关的某一个人的角色(如曹操的妻妾、儿子、下属……),在曹操的祭日来临之际,为其写一篇祭文。

作为学生,为了完成这个任务,第一,你要了解曹操这个人,所以需要去阅读他的传记、诗集、文集等;第二,你要知道祭文的格式,所以需要去阅读其他人的祭文;第三,祭文要用文言文写,所以你需要学习文言文的语言风格;第四,选择了与曹操有关的某个角色后,你还要去了解你选择的这个人与曹操之间的关系……

当然,作为老师,你也需要向学生提供相关的学习资源。经过两周时间,学生们很好地完成了学习任务,也写出了精彩的文章。那么,教学活动是不是到此结束了呢?并不是,最终落脚点是一个核心问题:伟大的人物是如何影响历史的?

在思考这个核心问题时,学生可以由曹操延伸到历史上的其他人物,比如秦始皇、商鞅、王安石等。之后学习《梵高传》,这个核心问题也同样适用。核心问题甚至可以影响学生的一生,在他之后的人生中不断引发他的思考。

如果没有这样的核心问题,这个学习单元可能就会欠缺一定的深度。**最好的课程,就是在解决问题之后,还能够产生新的问题,引发新的思考。**

一个学习单元的核心问题可以是一个,也可以是多个,但不宜超过三个。在提出核心问题时,可以从两个层面考虑:

第一是价值观层面。比如古代的论辩类散文《烛之武退秦师》,烛之武凭借过人的辩才,说服秦伯退兵。在当今社会,网络上的骂战有很多,但往往是谁也说服不了谁。我们提倡多元化的价值观,多种价值观之间可以互相沟通、达成共识,不一定非要把对方驳倒,让对方认同自己的观点。对此,我们提出的核心问题是:在当今这样一个对话重于对抗的社会中,怎样表达才能达到有效交流的目的,在博弈中达成双赢。这就是一个价值观层面的核心问题。

第二是与现实生活的联系层面。我们不能孤立地看待一个学习单元,一定要将其放在当下的社会生活中去看。前文说过,我给学生布置过一个学习任务:现在面临新课改,老师要编写新教材。如果你是编教材的老师，请在给定的十五首诗里挑出四首，编写一个诗歌单元。对此，我们提出的核心问题是：当今时代我们为什么还需要阅读古诗词？它的价值何在？古诗词可以带给我们什么？这就是结合当下生活提出的核心问题。

又比如，《乡土中国》是社会学家费孝通写于20世纪40年代、研究江南乡土社会的著作。在学习这个单元时，我们设置的核心问题是：当今中国在哪些方面还具有乡土中国的特征？随着城镇化的加速发展，越来越多的人来到城市生活，那么乡土中国还存在吗？实际上，虽然生活在城市，很多人生活的细节、抱持的观念仍然具有鲜明的乡土特征，只是不自知罢了。

提出一个高水平的核心问题并不是一件容易的事，需要老师从学科本位跳脱出来，从一个更宏观的角度审视这个单元的价值。实际上，这不是仅凭一个老师能够完成的，需要整个备课组不断地打磨、研究、迭代。一个好的核心问题可能会影响学生看世界的眼光，这种影响甚至可以持续一生。因此，各位老师一定要重视起来。

如何科学评价学生

· 闫存林

在完成某一阶段的教学，比如一个学期之后，老师往往要对学生在这一阶段的学习情况进行评价。在传统的教学模式中，评价方式通常是考试。这种方式的标准比较单一，仅就学生的学习成果进行评定。但是，以学生为主体的单元学习，通常会将教师评价、学生自我评价、过程评价、成果评价相结合，对学生进行综合评定。

综合评定大致可以用以下公式来概括：

学生的综合成绩 = 平时成绩 + 考试成绩

平时成绩 = 过程评价 + 成果评价

在设计评价时，一定要做好比例分配。比如，这个学期设定某一科目的考试成绩占 60 分，平时成绩占 40 分，那么这 40 分具体要怎么分配，全年级该科目的任课老师们要一起商定。每个学期学生的情况不一样，这 40 分的构成可能也会不一样。

考试成绩很容易理解，就是通常所说的期末考试成绩，也就是考卷上的分数。

平时成绩包括过程评价和成果评价。过程评价指的是对学生学习习惯、学习过程的评价。比如，学生应该在上课前准备好课上要用的东西，如果做到了，就可以得 5 分；如果上课之后还在四处找书、找笔记本，这 5 分就不能给他。另外，学生应该在上课时积极发言，如果做到了，也可以得 5 分。

成果评价指的是什么呢？以"曹操"这个学习单元为例。

我给学生布置的任务是给曹操写一篇祭文，把祭文完成，就可以获得完成分。但是，祭文写得好不好，除了老师的评价外，学生还需要进行自我评价。为了让学生的评价有依据，我会在单元学习之初就把评价祭文的标准发给学生（参见表3-7）。

学生在写祭文时，一般会先去看什么样的祭文是不及格的，首先把不及格的情况规避掉，然后再尽量去达到优秀的标准。实际上，了解评价标准的过程，就是学习写祭文的过程。

需要注意的是，在学生进行自我评价的过程中，老师要充分尊重、公平对待每一个学生，给学生营造轻松的氛围，让学生可以真实地评价自己的成果。每个学生的水平不一样，结果自然也不一样。不论结果如何,老师都要一视同仁,避免用一个高标准去评价和要求所有学生。

表 3-7 祭文/悼词写作量规

	优秀	合格	不合格
理	角度:能确立特定的角度,保持独立见解,并将人物放置于历史长河中准确定位。 逻辑:有严谨且富有创意的逻辑顺序,连贯深入,评价拿捏得很有分寸感。	角度:能够找到历史人物特定的角度并进行合理开掘,但常常受评论影响,人云亦云,没有新意。 逻辑:有严谨的逻辑顺序,前后连贯、步步深入,但分寸感还不够,像是套路。	角度:无特定角度,断章取义地将文本信息加以简单整合,评价体现不出合理性。 逻辑:还没有掌握逻辑顺序的类型,漏洞很多,呈现出思维混乱状态。
情	情感细腻,语言生动真切,有细节、有张力;或含蓄或慎重或直抒胸臆或大悲无泪;让听者为之动容,回味无穷。	表达的情感与所呈现的特定角度相吻合;使用的语言主要停留在悲痛等情绪层面,能够抓住一些细节,但情感不够细腻。	语言无情感色彩;在评价历史人物时使用的语言要么过激,要么造作,没有准确性和分寸感。
法	有整体架构和全局视野,一篇祭文道尽历史人物的伟大一生;起承转合连贯自然,自成一体。	能够进行整体架构,且通过一篇简短祭文提炼了历史人物的一生,但起承转合比较生硬,讲完一层就结束,不够连贯自然。	仅仅选择了历史人物的几个生平事迹进行堆砌,没有完整的结构,无法引起读者的兴趣和共鸣。

过程评价和成果评价可以由教师和学生共同完成,至于各占多大比例,要看每个具体的学习单元中老师设计的评价标准。

总而言之,**对学生进行综合评定,不再唯成绩是论,能够更好地帮助学生全面发展。**这样做,也许在短时间内看不到效果,但长期来看,必定会裨益学生的一生。

CHAPTER 4

第四章
高手修养

我能做教师吗

在教师这个岗位工作十年以上,你就已经算是一位十分资深的教师了。你可能会落下一些职业病:因为讲了十几年、甚至几十年的课,你经常会觉得咽喉疼;由于长时间伏案工作,你有时候也会觉得颈椎不舒服。但你有更引以为豪的事:这时你已经桃李满天下,在节假日,很多学生都会到学校来看望你,表达对你的感谢;你发表了很多教学论文,开始培养新入校的青年教师;由于提出了自己的教育思想、解决了很多学科教学中的问题,你或许已经成为教育界备受尊重的人物,要到全国各地做讲座,把多年积累的经验分享给大家。

下面让我们进入职业预演之旅的最后一部分——"高手修养",看看教学名师的工作具体是什么样的。

做出什么样的成绩才算高手

顿悟：对学科提出独到见解

·华应龙

对于老师来说，是否已成为这个行业内的翘楚，一个重要的衡量标准是看他有没有对某一学科形成独到的见解，是否能够解决教学中的某一类问题。

很多人觉得"形成独到见解"这个词很虚，不知道从何处入手。我习惯于从一个很简单的地方着手——对已有的教学内容和教材不断进行批判性审视，找出原有教学方法和教材中的不足。

比如，小学数学五年级下册有一节课讲"分数"，课本上是这样写的：

> 一个物体、一个计量单位或是一些物体等都可以看作一个整体。把这个整体平均分成若干份，这样的一份或几份都可以用分数来表示。

一个整体可以用自然数1来表示,我们通常把它叫作"单位1"。

在教学中我发现,这个概念给学生的理解增加了难度。比如,16个橘子分成4份,那么"16个橘子"就是"单位1",这个"单位1"跟数字"1"有什么区别?很多学生就迷糊了。如果再给学生出道题:3个橘子分成3份,每份1个,这里面哪个是"单位1"?学生就更蒙了,根本搞不清这些数量之间的关系,找不到正确的"单位1"。

既然学生接受"单位1"这个概念有困难,那能不能换一种方法,不用"单位1"就给学生讲明白什么是分数呢?为此我特意去请教了中学和大学的老师,结果惊讶地发现,"单位1"这个概念只有小学阶段才会提到,中学、大学根本不会用到这个概念。也就是说,不讲"单位1"完全不影响学生们中学、大学的学习。那么,只要能把"分数"讲清楚,完全可以把"单位1"这个概念舍弃。

经过反复思索,我琢磨出了一个创新的"分数"的讲法:分数就是先分后数,"分"确定了分母,"数"确定了分子。比如,把一堆苹果平均分成4份,取其中的3份,其中"分成4份"对应分母是4,"取其中的3份"对应分子是3。没有了"单位1"的干扰,学生就很容易理解分数、分子、分母这些概念了。这就是对学科提出的独到见解。

又比如，小学数学四年级下册有一堂课讲"小数的意义"，课本上是这样写的：

> 在进行测量和计算时，往往不能正好得到整数的结果，这时常用小数来表示。
>
> 小数的计数单位是十分之一、百分之一、千分之一……分别写作 0.1、0.01、0.001……

课本并没有明确说明小数到底是什么，不论老师还是学生，都很难用一句话说明白这个问题。我曾经在课堂上问学生：你们认为什么是小数？有的学生说"小数就是比 1 小的数"，这肯定不对，1.2 比 1 大，但它也是小数；还有的学生说"小数就是有小数点的数"，这么说没错，但是对理解小数的意义没什么帮助。后来我琢磨出一个"小数"的解释：我们把 1 作为基本单位，10、100、1000 是大单位，0.1、0.01、0.001 是小单位。对于一个数字，只要有小单位，那这个数一定是小数。掌握了这个概念，学生就能比较清楚地理解什么是小数了。

作为老师，不能对教材和教参上的内容照单全收，应该具有批判性思维，对每节课的内容都积极探索和思考，寻找更好的教学方法，琢磨出自己的感悟和心得。这也是一名老师对于学科教学的贡献。

我能做教师吗

看到这里，你可能会问："为什么华应龙老师能琢磨出这些新理解呢？我也经常琢磨教材，却什么也琢磨不出来。"针对这个问题，华老师说，这并没有什么捷径，只能靠自己的努力和诚心，要一门心思做这件事。

华老师有一个经典的教学案例——"角的度量"。他在课堂上向学生展示了三个滑梯（参见图 4-1），问学生想玩哪个。

图 4-1 "角的度量"教学案例

大部分学生选择了第一个,因为第二个滑梯角度太缓了,不容易滑下来;第三个滑梯角度太陡了,没有人敢玩。这就让学生直观地感受到了角的度数不同意味着什么。这个想法是华老师从梦中得到的启发。这并不是说他有什么特异功能,而是"日有所思,夜有所梦",当你全部的精力都倾注在一件事上时,甚至连做梦都有可能在想着它。

另外华老师强调,老师一定要多读书,不管有多忙,早上和临睡前一定要挤出时间来读书,然后将书中的好内容与教学相结合。长此以往,就会形成自己的独到见解。

创新:在解决问题中拓展新型教学模式

·罗滨

随着工作经验的增加,优秀的教师会慢慢探索出新型教学模式。要想做到这一点,最重要的是老师一定不能放过教学中遇到的问题,要努力寻求解决方法。

我刚开始从事教学工作时,十分认真,学生也很喜欢上我的课。在第一次期末考试前,我还带着学生进行了几轮复习。到了考试的时候,我一看到试题就心中暗喜:这些知识点我都带学生复习过,这次我们班的成绩一定没问题!

但成绩出来,我却大失所望。学生们考得并不好,分数没有预想的那么高。这究竟是为什么呢?通过观察我发现,当时我采取的教学模式是"讲解接受式",对好老师的要求是"上课讲解清楚明白,课后耐心答疑解惑"。老师只负责讲,学生到底有没有在听、是否听懂了、懂到什么程度,老师完全不知道。

经过思考和探索,我开始实行"启发发现式"教学,不再一味地讲解知识点,而是把知识点转化成问题,启发学生自己找到答案。

比如,浓硫酸和稀硫酸的区别是什么,学生们通过查资料、小组讨论,得出的答案五花八门:

浓硫酸比稀硫酸密度大,98% 的浓硫酸密度为 1.84g/mL,因此在相同的体积下,浓硫酸更重。

硫酸是高沸点的酸,98% 的浓硫酸沸点为 338℃,因此可取少许硫酸于试管中加热,难以沸腾的是浓硫酸。

将浓硫酸沿着器壁慢慢注入水里,并不断搅拌,稀释时产生大量热的是浓硫酸。

第四章 | 高手修养

然后我再对这些答案加以点评。通过这样的方式,学生对知识点的掌握会比单纯听老师讲更扎实。

但孩子毕竟是孩子,实行了一段时间的"启发发现式"教学后,我发现学生们对讨论问题失去了兴趣。而且化学对实验的要求非常高,如果只在教室里学习、讨论,没看到来自实验的证据,学生对化学原理的理解就会缺失一部分。

为了培养学生基于实验的思考模式,我又提出了"实验探索式"教学。我把上化学课的地方从教室改到实验室,把教材上的所有实验都带着学生做了一遍。学生们非常兴奋。但好景不长,过了一段时间,我发现学生们对实验的兴趣也变得越来越淡。这是为什么呢?

我私下问了几个学生,才意识到,学生们做实验基本上是照方抓药——我把实验用品和过程全部提供给学生,比如"2% 的氯化钠 2 毫升,滴加硝酸银溶液 2~3 滴,就会产生沉淀"。学生照着我事先准备好的步骤做,自然会得到预期的实验结果,没有挑战性和创造性,因此他们觉得没什么意思。

经过探索,我又提出一种新的教学模式——"问题解决式"教学。比如化学中有一道经常考的题:二氧化碳与氢氧化钠的反应。这个反应通常有两种结果:少量二氧化碳和氢氧化钠反应生成碳酸氢钠和水,过量二氧化碳和氢氧化钠反应生成碳酸氢钠。二氧化碳质量的多少决定了反应的产物到底是什么。

针对这个问题，我设计了一个情境：

> 宇航员在宇宙飞船里会呼出二氧化碳。如果给宇航员提供一些氢氧化钠，那么，怎样才能让这些氢氧化钠把二氧化碳吸收，同时产生氧气呢？

然后我让学生们分组做实验，探究在什么情况下，这个反应会产生水，怎样把水分解生成氧气。学生们的探索欲和求知欲重新被激发，取得了很好的教学效果。

在此基础上，我又往前迈了一步，提出了"探究式"教学。老师和学生在上课之前收集大量真实的素材，共同提出问题，再一起探究解决。

作为一个对学生负责的老师，一定不能满足于当前的教学模式，在发现当前的教学模式无法实现更好的教学效果时，要敢于去探索更符合学生需求的新模式。

升华：提出自己的教育理念

· 华应龙

在常年的教学实践中，我逐渐摸索出了"化错教育"的教育理念。它包含三个部分：

第一是"容错"。 当学生犯了错误时,老师不要严厉制止,要允许学生犯错误。学生在学习过程中难免会走入一些误区,早犯错早纠正,损失是最小的。

第二是"融错"。 老师要把学生的错误当作一种教学资源,探明差错背后的真正原因,并找到避免学生犯错的方法。

第三是"荣错"。 老师要营造一种宽松的氛围,让学生不怕犯错,敢于面对差错。当然,"荣错"是一个长期教育的过程,不能求之过急。

"化错教育"表现在教学实践中,应该如何做呢?

举个例子。小学数学有一节课讲的是量角器的应用。正常的量角器应该是这样用的(参见图 4-2):

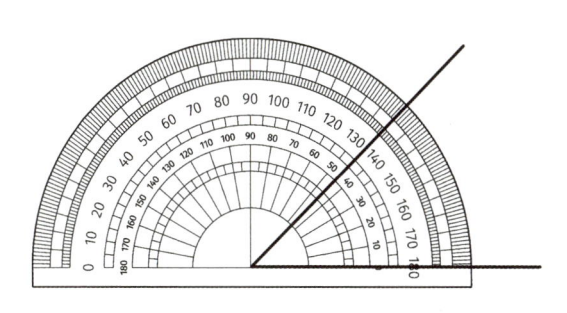

图 4-2　量角器的正确用法

但不少同学都是这样用量角器的(参见图 4-3):

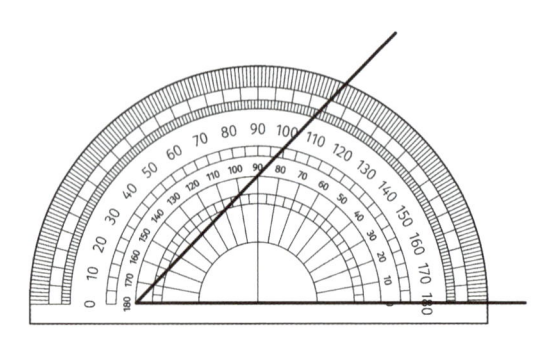

图 4-3　量角器的错误用法

遇到这种情况,很多老师会反复跟学生强调:"这样做是错的,量角器不能这么用。"但不管强调多少遍,始终有学生记不住。

于是,在有的学生又这样用量角器后,我对学生们说:"对于这样的同学,我们要肯定。因为他们虽然不清楚究竟怎么量才是对的,却敢于尝试。"

这就是"化错教育"的第一步:允许错误的发生。

那么,他们为什么会犯这个错误呢?因为他们把之前学过的用直尺量长度的方法用在这里了(参见图4-4)。

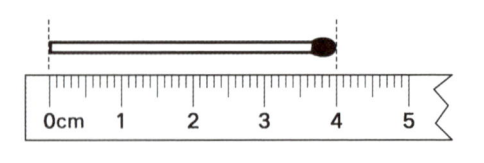

图 4-4　直尺的用法

直尺测量的方式是把线段的一头对准最左侧有刻度的地方。所以，在使用量角器的时候，他们也把角的顶点对准量角器最左侧的地方。

这就是"化错教育"的第二步：教师要探究产生错误的成因。

怎样才能让学生准确无误地掌握量角器的使用方法呢？教材上的说法是：

> 用量角器量角时，要"两重一看"，先把量角器的中心点与角的顶点重合，把量角器的零刻度线与角的一条边重合，再看角的另一条边所对应的量角器上的刻度，这个刻度就是所量的角的度数（参见图 4-5）。

这个描述太烦琐，不利于学生理解记忆。经过思考，我编了一个口诀：量角器就是要让角对着角。

量角器上其实是自带角的，零刻度线和任意一个带有度数的刻度线都会组成一个角。我们只需要把要量的角和量角器上自带的角重合，就可以量出角的度数了。自从总结出这个量角器的使用方法后，就很少有学生会在这个问题上犯错了。这一教学方法的改进，让不少小学数学老师受益颇多。

③角的另一条边所对应的刻度就是角的度数

②量角器的零刻度线和角的一条边重合

①量角器的中心点和角的顶点重合

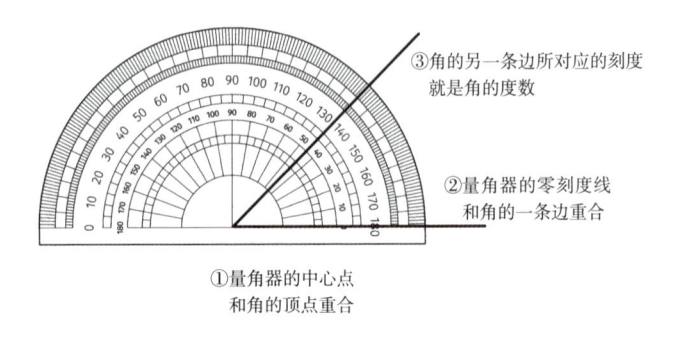

图 4-5　量角器的使用方法

当然，化错教育还有第三步——"荣错"，不是让学生以犯错为荣，而是让老师和学生以包容错误、化解错误为荣。这样做，在你的课堂上，学生就不会怕犯错。

营造这样的环境，不是一朝一夕的事。作为老师，你首先要端正认识，纠正"学生犯错是不好的"这种错误观念。一个学生犯了错，敢于把自己的错误说出来，这对整个班级吸取他的经验教训，避免同样的错误再次发生是非常重要的。

更重要的是，在教学中，老师往往并不理解为什么学生会犯错。有的老师认为自己已经把题目的做法和原理都讲清楚了，学生还是不会，但学生却不敢说自己到底哪里没听懂。老师和学生不能理解彼此，教学就很难推进。营造"荣错"的环境，对于老师了解学生的想法、改进教学是非常有必要的。

北京第二实验小学的王红老师就善于在课堂上创造"荣

错"的氛围。在一堂数学课上,一个学生在算107×3时,得出的结果总是361,但正确的结果应该是321。王老师就让他说说自己的解题思路。

这个学生说:先用个位上的7×3等于21,向十位进2,个位写1;原来的十位上是0,现在进了2,就变成了0+2等于2,这时用十位上的2×3等于6,十位写6;再用百位上的1×3等于3,百位上写3。计算公式如下:

$$\begin{array}{r} 1\,0\,7 \\ \times_2 3 \\ \hline 3\,6\,1 \end{array}$$

有学生站起来反驳说,我们是先用十位上的0×3等于0,再用0+2等于2,这个2是进位,不能乘,所以十位上是2。而你用的是十位上的0+2等于2,2×3等于6,不对。

听了算错的学生的解题思路,王老师明白了,这个学生是没掌握先相乘、再相加的运算规则。为了给他讲明白这个道理,王老师引导学生算:

107=100+7

100×3=300

7×3=21

107×3=321

算错的学生最终掌握了这个知识点。

教师一定要用阳光的心态面对学生的差错,用放大镜来寻找学生思维的闪光点。每当一个学生敢于说出自己是怎么想的、为什么会错时,我就会引导其他学生为他鼓掌三次——第一次,表扬他敢于说出自己的想法,而不是一味地盲从他人;第二次,表扬他把自己的想法说得清楚明白;第三次,表扬他能够接纳正确答案,并愿意改正。如果这个学生的错误十分有代表性,对我的教学有启发意义,我还会引导学生们给他第四次掌声,告诉他这是因为他的想法给其他人带来了启发。

长此以往,我带的班里形成了一种"荣错"的氛围,你会听到有学生踊跃地介绍自己与众不同的想法,你也会听到有学生勇敢地站起来说:"刚才,我是这么'错'的……"学生可以毫不避讳地直面错误,把自己的真实想法分享出来,不怕失败,乐于探究;老师也能够听到学生真实的声音,知道以后要如何改进教学。这样的课堂氛围十分受学生欢迎。

"化错教育"可以让老师在探究学生错误成因的基础上,改进自己的教学方法,学生学起来没有压力,老师教起来也更游刃有余。如果对教学有自己的思考,不断积淀、打磨,你也可以尝试提出自己的教育思想。

高手怎样组织课外活动

·叶德元

很多老师在工作的前几年,甚至前十几年,都会秉持一种教育理念——教学一定要有目标。每一堂课都应该有一个教学目标。比如,使学生能够对抗日战争的过程做出简要复述,能够用计算器进行加减乘除运算,等等。除了教学活动,老师组织的学生活动也一定要有目标。比如,中秋节组织"一封家书"活动,目标就是让学生学会向亲人表达爱。

不过,并不是所有活动都要刻意地设置教育目标。对我来说,只要这项活动"有趣、好玩",我就会立马带着学生去做。在玩的过程中,教育会自然而然地发生。

比如,有一年,为了激励学生积极参加合唱比赛,我向大家许诺:只要我们班进入年级前三名,愚人节你们可以随便"整我",叶老师保证不生气。学生们听了非常兴奋,认真地准备合唱比赛,最后终于拿到了"整"叶老师的资格。

我在想出"随便整自己"这个点子时,完全没有预设任何教育意义，单纯是为了带着孩子们玩。有的老师认为，这样的活动不是纯属胡闹、浪费时间吗？但是在这种"无目的"的活动中，其实也可以找到教育的切口。

在学生要"整"老师的前一天，我在家长群里求助，希望家长帮忙看看孩子在学生群里讨论些什么。[1]很快一些家长就给我反馈了学生的讨论内容：

> 学生A：等老师进门的时候，我们端盆水迎面向他泼过去吧。
>
> 学生B：这样会不会太过分了？
>
> 学生C：他说过不会生气呀！
>
> 学生D：班主任的话你都相信。他说不生气，就真的不生气吗？

看到这段对话，我明白，教育已经在发生了。同学们的对话里涉及分寸的问题、对老师信任的问题等，这些都是教育的切入点。

第二天，我在办公室里坐等学生，根本不知道会发生什么。先是一个男孩拿着一瓶可乐过来，边走边摇，最后把盖

---

[1] 叶德元老师经常在举行学校活动的时候请家长参与，帮助家长改善亲子关系。所以他带的班级，学生和家长关系比较好，家长也可以看到学生群里的内容。

子打开，可乐喷出来滋了我一身。没关系，我当天带了四套衣服，急忙换上一套。然后一个学生给我送来几块奥利奥饼干，但里面的夹心是芥末味的……一个学生来到办公室"整"老师，后面跟着四十多个学生，他们在观察我是不是真的被"整"之后不生气。

到了中午十二点，学生们也"整"得差不多了。我来到教室，对学生说：在这件事上，大家表现得非常好。前一天晚上你们在群里讨论怎么做时，有人考虑到"会不会太过分了"，这说明你们已经懂得了开玩笑要有分寸。我说了不生气就一定不会生气，因为我承诺你们的事情必须做到。在生活中，可能每天我们都会碰到玩笑，如果你对别人开玩笑，要注意分寸，开一个善意的玩笑；如果你被人开了玩笑，要学会会心一笑。所以，从这个愚人节开始，大家都要学着做一个开得起玩笑的人。

还有一年，快到六一儿童节了，我在家里听到电视上的广告说："这个儿童节，让我们来想一下，假如回到童年，你最想做的事是什么？"我觉得这个点子很好玩，就在家长群里发了这个问题。结果收到了家长们五花八门的回答，比如"我希望能早点对我座位前面的那个女生表白""我要学一手好钢琴""我一定要努力记住那时的自己，坚持写日记"……

为了让孩子们也参与进来，我把所有家长童年时的梦想打印出来，删掉名字，准备第二天拿到教室里，让学生们猜哪个梦想是自己爸爸妈妈的。到这里为止，我都没有觉得这个活动应该有任何教育目的，但在这个过程中，教育意义自然而然地浮现出来了。

在第二天的课堂上，有的学生一下子就猜到了哪个梦想是自己父母的，也有很多学生没猜到。最后，我向孩子们公布了答案，让他们知道父母童年时的梦想是什么。与此同时，我还给家长们发送了一条短信：

> 11班的爸爸妈妈们，儿童节特色活动"猜猜父母的童年"已经结束了。孩子们猜想的结果我已经公布在班级博客上，请您去看看。如果猜对了，恭喜您和孩子很有默契；如果没猜对，请您好好看看孩子们猜的那个童年，或许那才是他最想要的童年。请您问问自己，过去12年里，您给他那样的童年了吗？未来我愿意和您一起继续为他做点什么。祝大家节日快乐！

很多老师都知道要教导孩子多理解父母，也要鼓励父母多理解孩子，但具体怎么做却无从下手。这个活动从"好玩"开始，最后达到了帮助父母和孩子之间增进了解的教育目的。**教育的契机每时每刻都在，看似无心插柳柳成荫，实际上需要老师处处留心。**

高手怎样帮助新人成长

·叶德元

教学成绩好、经验丰富的资深老师,通常有机会成为一名管理者,如教研组长、年级组长等。**作为一名带团队的管理人员,非常重要的一点是营造分享的氛围。**

有的学校就缺乏分享的氛围。老师整理了教学资料、获取了学习资源,却不愿意让其他老师知道。这样做,一方面,其他老师需要重新整理一遍,完全属于重复劳动;另一方面,这个老师只能看到自己手里的这点资料,眼界必然十分狭窄。

一个乐于分享的老师应该是什么样子呢?举个例子,我到成都七中育才中学工作的第一天,有个老师送给我一样东西——她过去三年在所有家长会上的发言稿,厚厚的,有五十多页 A4 纸。我问她为什么把几年的心血送给我,她说了一句影响我一生的话:"这份资料,所有新老师我都给了。只有给了你们,你们都学会了,未来三年我才有动力重新去写,否则就会一直照着这个念下去。"

有时候人就是这样,你的好东西,一旦别人都学会了,你自己反而不会再用,而是去探究新的、更好的东西。我做年级组长的时候,就十分重视并且鼓励分享的氛围。每个老师写一本教案,大家互相换着看,那就相当于每个人有十本教案,互相取长补短,这个团体必然会进步。

有些资深教师还会参与中考、高考这样的大考命题。他们要做的不仅是命制考题、选拔人才,更重要的是,高考、中考的试题会成为一段时间内教学的指向标。在这个意义上,为大考命制试题时,资深教师需要有一种自觉意识,以期帮助其他老师找到未来教学的重点和方向。

参与大考命题时应注意什么

·叶德元

对当下的教育来说,其中一大问题就是学生学到的东西和真实的生活脱节。有一道著名的试题曾经被很多人诟病:

> 一个水池有进水管和出水管,单开进水管需要3小时将空池注满,单开出水管需要5小时将水池放空。如果同时打开出水管与进水管,2小时后关掉出水管,还需要几小时才可以将全池注满?

这道题被大家吐槽的原因在于,它非常不符合日常生活的逻辑。要想注满水池,没有人会同时打开进水管和出水管。所以,在大考命题过程中,一定要注意考试内容与生活的相关性。

比如,有一年成都中考历史的一道题目是:伟大的武汉经历过两次保卫战,请你分析这两次武汉保卫战所代表的精神分别是什么,请以具体的事实来回答。[1] 这道题的导向性意义在于,历史教育不应该只是对书本上那些时间、地点、人物、事件的死记硬背,学生需要多关注时事,把书本上的知识和目前正在发生的事件联系起来。

闫存林老师告诉我们,有一年高考物理的最后一道大题是这样的:一个水库里有一个泄水阀,但这个泄水阀安反了。如果想把它掉过头来,需要把整个水库的水放掉,这样做的话造价太高,那么如何在不放掉全部水的前提下,把这个泄水阀调整过来呢?这道题是一个真实存在的问题,当时找了很多工程师才把这个泄水阀修好。这道题进入高考,意味着以后的高中教育要以让学生学会解决实际问题为出发点,学生在受教育之后,要具备解决生活中复杂问题的能力。

---

[1] 这两次"武汉保卫战"指的是抗日战争时期的武汉会战和武汉抗击新冠疫情保卫战。

CHAPTER 5

第五章
行业大神

我们一直在强调,老师不应该仅仅把自己看成知识的传授者,而应把自己看作一个教育者。古今中外历史上有过众多赫赫有名的教育家,他们提出了很多著名的教育理论,为本国甚至全世界的教育提供了启发。

在"行业大神"这一章,我们将为大家介绍几位在历史上做出过重要贡献的教育家,其中有民国时期的教育大家陶行知,他提出了"生活即教育"的理念,对传统的中国教育做出了深刻的反思;有对中国教育体系产生巨大影响的苏联教育家苏霍姆林斯基,他提出的劳动教育理论对我国当下的教育仍有借鉴意义;还有中国当代著名教育专家李希贵,他找到了一条既能让学生全面发展,又不影响考试成绩的教育路线。下面我们就一起来领略这些教育大家的风采。

陶行知：生活即教育

陶行知是民国时期著名的教育家，美国教育家杜威的学生。他创造了"生活教育理论"，对中国的教育产生了巨大影响。"生活教育理论"主要包括两个方面：第一，生活即教育；第二，社会即学校。

清末民初，中国处于大变革的历史时期，知识分子对帝制时期中国人生活的方方面面进行了反思。陶行知认为，帝制时期的人们接受教育，为的是"朝为田舍郎，暮登天子堂"，通过参加科举考试加官晋爵，成为人上人。受教育的目的完全是功利性的，与生活没有关系。这是中国传统教育的弊病。

因此，陶行知提出了"生活即教育"的理念。他说："教育的根本意义是生活之变化。生活无时不变，即生活无时不含有教育的意义。因此，我们可以说：'生活即教育'。"[1] 过

---

1. 陶行知：《陶行知全集》（第二卷），华中师范学院教育科学研究所主编，湖南教育出版社1985年版。

去,人们认为只有读书才称得上受教育,这种观点是错误的。因为教育与生活具有高度的一致性,不管有没有读书,生活本身就是教育。

1932年,陶行知提出要创办"工学团","工"指的是工作,"学"指的是科学,"团"指的是团体。考虑到农村地区没有学校,陶行知在农村也成立了"工学团",引导农民自己动手改造乡村。工学团对参与的民众进行了六大训练:军事训练,让大家具有保卫乡村的能力;生产训练,让大家具有依靠自己劳动吃饭的能力;科学训练,使大家都能够识文断字;民权训练,让大家理解"人人都可以成为中国的主人"这一概念;生育训练,让大家知道怎样才能减少遗传病;识字训练,让大家具有基本的识文断字的能力。

工学团有儿童工学团、青年工学团等。陶行知特意指出,"青年"不仅是一个年龄概念,如果老人有青年的积极进取精神,也可以视为"青年"。工学团把社会和学校合二为一,民众可以在社会中接受之前在学校里才能完成的教育,学会之后直接应用到现实生活中。

比如,陶行知在上海成立了"山海工学团",为农民的孩子提供教育机会。在陶行知看来,"教育"不仅意味着读书识字,还意味着与农民紧密联系的各种活动,比如耕地、做工等。在山海工学团,孩子们坐的凳子都是自己从家里带来的,有高有低，大小不一。陶行知就请了一个木匠来，对他说："我是请你来教学生做木工的，如果你教会一个人，我就给你一份工钱，如果一个人你都没教会，就算你做了很多凳子，我也不给你工钱。"从第二天开始，所有学生都跟着木匠学做凳子。同时，孩子们也给木匠当老师，教他认字。三个月后，每个学生都坐上了自己做的凳子。这就是陶行知贯彻"生活即教育"的一场实践。

"社会即学校"指的是社会具有学校的功能，在社会中处处都是学习的机会。陶行知说："课堂里既不许生活进去，又收不下广大的大众……那么，我们只好承认社会是我们的唯一的学校了。马路、弄堂、乡村、工厂、店铺、监牢、战场，凡是生活的场所，都是我们教育自己的场所。"

陶行知在提出"工学团"思想时说道，"反对学校、工厂及一切忽略人生之组织"，应该把"培养合理的人生"作为教育的真正宗旨。如今我们的学校在教授知识、文化的同时，更应该培养学生正确的人生观，引导学生思考"怎么样才算是合理的人生""怎样度过自己的一生"这样具有根本性的问题。

苏霍姆林斯基：培养全面和谐发展的人

苏霍姆林斯基是苏联教育理论家和实践家，他提出了著名的"劳动教育"思想。其著作《给教师的建议》是很多教师的"圣经"，尤其对中国教师产生了深远的影响。

很多人认为，接受教育就意味着智力的提高，苏霍姆林斯基却格外强调劳动的重要性。他认为，德智体美劳是一个完整的系统，劳动教育对德育、智育、体育、美育都有促进作用。

学生在劳动中能够获得克服困难、迎接挑战的优秀品质，可以促进道德教育。学生做一些作物栽培、家畜饲养的工作，可以获得观察能力。而学生想要栽培一种作物，需要掌握一定的物理、地理、生活等知识，可以促进智力的开发。此外，学生在劳动中可以强身健体，这是劳动教育与体育分不开的表现。劳动教育还可以促进美育的发展，比如学生可以进行剪纸、刺绣等活动,在过程中自然而然地提高审美水平。

苏霍姆林斯基工作的学校是一所乡村学校——帕夫雷什中学。在 1955 年以前的一段时间内,苏联的学校完全取消了劳动课,但苏霍姆林斯基却一如既往地对学生进行劳动教育。他鼓励孩子们在学校栽种花草树木。有一个孩子叫塔玛拉,她为了给 80 岁的奶奶准备生日礼物,用几个月时间培育了一朵花,按时灌溉、施肥,精心修剪花枝。苏霍姆林斯基被这个学生感动了,他说:"姑娘的眼里闪耀着欢乐的光芒,这熠熠的光芒永远留驻在我的心坎。我爱这姑娘,这是爱她在那个多露的早晨我看到的模样。"[1]

此外,苏霍姆林斯基还建立了"农业新技术和小型机械化研究室",力图把每个孩子都培养为一个劳动能手,掌握一种通用的劳动工具。他认为,当孩子们将自己的劳动成果分享给亲朋好友时,成就感必然是巨大的。

相比而言,在当前我国的学校教育中,劳动教育处于严重缺失的状态。很多学校更注重学生智力的提高,却忽略了道德、劳动、审美、体育等方面的培养。在这样的情况下,苏霍姆林斯基的"劳动教育"理念对于今天的教育仍有启发意义。

---

1. 闫学:《跟苏霍姆林斯基学当老师》,华东师范大学出版社 2009 年版。

李希贵：尊重每个学生的个性

李希贵是中国当代教育家，曾任北京十一学校校长。在担任校长期间，他培养的学生们具有很强的独立思考能力，视野宽广，求知欲旺胜。而且，如果用考试成绩来衡量，他们也完全不输任何人。十一学校每一届高三学生的成绩都十分优异，考上清华、北大等名校的学生人数在整个北京市的中学里名列前茅，也有很多学生考上了国外的名校。

很多人认为，学校就是把学生培养成"一个有用的人"的地方，学生是学校的产品。这种观念，本质上是把学生看作没有思想、没有喜怒哀乐的物件，学生在学校这条流水线上被打造成了固定的模样。李希贵认为，我们应该把学生看成活生生的人，他们有追求自身价值和幸福的强烈意愿，如果学校用打造螺丝钉的方式去培养学生，势必会引起学生的反感，也不利于学生的成长。对于学生来说，学校是他走入社会之前的社会，是一个可以安全犯错的地方。在真正走进社会之前，学生可以在这个试错成本比较低的地方，收获各种生活体验。

在李希贵看来，课程、教育体系才是一所学校真正的产品。他曾在十一学校推行了一系列教育改革，其中最令人瞩目的就是个性化教育。

比如，通常情况下，一个班级四五十人要共用一张课表和一组老师，课程安排和老师自然没有办法完全适应每一个人。十一学校则模拟大学课程体系，给予每个学生选课的自由，每个学生都有独属于自己的课表。

面对家长，十一学校同样倡导个性化。一般学校是一个班一学期开一次家长会，要求所有学生的家长同时参与，但限于形式，老师无法照顾到所有家长。而在十一学校，家长会的形式是一对一（一位老师对一个家长），甚至多对一（多位任课老师对一个家长）。这看似烦琐，却能切实照顾到每个学生、每个家长。

李希贵反复强调要尊重每个学生的个性。过去的教育希望每个学生都能成为优等生，语文老师希望所有学生都能成为文学青年，数学老师希望所有学生都能在数学上有所建树。但在十一学校，老师们的主要工作是帮助学生找到各自的闪光点。在李希贵看来，没有"差生"这个概念。所谓"差生"，其实就是没有找到长板的学生。比如，数学不好的学生，可以看看他是否对艺术感兴趣；对语文不感兴趣的学生，可以看看他是否对物理感兴趣。

可能有人觉得，这么好的学校、这样个性的教育，只有在北京这样教育资源丰富的地方才能出现。其实，在成为北京十一学校校长之前，李希贵还担任过山东高密一中的校长。山东可是全国高考竞争最激烈的地方之一，李希贵依然在这所学校实现了教育上的改革。他在学校里实行教职工聘任制，设置了区别于国家原有职称系列的10个教师职务等级，每个职务要履行相应的职责，从而把教师的积极性导向对学生的尊重和自身全面素质的提升。他说过一句话："能用结构解决的问题，就不用制度；能用制度解决的问题，就不靠开会。"李希贵用十一学校的成功经验告诉我们：良好的教育一旦形成，考试成绩自然就会提升。这本来就应该是一件水到渠成的事情。

CHAPTER 6
第六章
行业清单

读到这里，相信你已经对教师这个职业有了一定程度的了解。在本书的最后一章，我们为你提供了一份关于教师的行业清单。"行业大事记"会告诉你教师这个职业是怎样从古至今发展而来的。"行业术语"会让你和教师这个职业的关系更进一步。如果想对教师这个职业有更深入的了解，你还可以阅读"推荐资料"里提到的书籍，进一步拓宽眼界、丰富认知。

第六章 | 行业清单

行业大事记

公元前3500年左右,人类最早的学校"泥版书屋"诞生于两河流域的苏美尔地区,每位教师负责一门学科。学校的主要目的是为王室和神庙培养书吏或书记员。

人类最早的学校"泥版书屋"诞生

埃及设立宫廷学校

公元前2500年左右,埃及法老在宫廷中设立宫廷学校,由专门的官员担任教师,教育皇子、皇孙和朝臣子弟,学生学习完毕后会被委任为官吏。

公元前5世纪左右,孔子创办私学,打破了学术和教育被官府垄断的局面。

孔子创办私学

第一篇教学论文《学记》诞生

公元前5世纪左右,世界上第一篇教学论文《学记》诞生,作者一般被认为是我国战国时期的思孟学派。《学记》全面总结了先秦时期的教育经验,对中国古代教育发展具有深远影响。

公元前124年,汉武帝在长安设太学,由博士任教授,初设五经博士,专门讲授儒家经典《诗》《书》《礼》《易》《春秋》。

古代中国最高学府太学设立

257

我能做教师吗

古代中国教育管理机关国子学设立	276年，晋武帝设立国子学，国子学是教育管理机关和最高学府，与太学并立，更多地承担了国家教育管理的职能。
1044年，范仲淹主持庆历兴学运动，要求诸路府州军及县（有士人200人以上）皆设学；强调学习时限，学够300天才能应试；重建太学，广泛招生，培养有用人才。兴学运动因范仲淹被罢相而终止。	**全国性大规模兴学运动"庆历兴学"**
中国书院制度结束	1898年，清光绪帝颁布《改书院兴学校谕》，诏令筹办高、中、小各级学校，各地旧有大小书院一律改为兼习中学和西学的学校。1901年，清政府实行"新政"，再颁此谕，要求全国书院一律改为新式学堂。这标志着中国书院制度的结束与文化教育模式的转型。
1907年，光绪帝颁布"女子小学堂章程"，规定女学堂单独设立，不得与男学堂混合；学制分为初等小学堂与高等小学堂两级，修业年限均为四年。	**中国单独设立女子学堂**
中国实行义务教育	1920年，中华民国政府教育部通令全国在1921年至1928年分期实行义务教育。
1949年12月，中华人民共和国教育部召开第一次全国教育工作会议，明确将"借助苏联教育建设先进经验"作为中国教育建设指导方针的重要组成部分。	**中国学习苏联教育经验**

第六章 | 行业清单

新中国第一份教学计划颁布

1950年，教育部颁发了《中学暂行教学计划（草案）》。这是新中国第一份教学计划，设置了门类齐全的学科课程，如政治、语文、数学、自然、生物、化学、物理、历史等。

1978年，教育部颁发《全日制十年制中小学教学计划试行草案》，对中小学学制及学科的教学大纲进行规定统一规定：全日制中小学学制十年，小学五年，中学五年。

中国中小学学制确定

中国教师节确立

1985年，第六届全国人大常委会第九次会议正式通过了国务院关于建立教师节的议案，确定每年9月10日为中国的教师节。

1985年，《中共中央关于教育体制改革的决定》明确提出"地方要鼓励和指导国家企业、社会团体和个人办学"。20世纪90年代中前期，民办学校在各地城市大量涌现，涵盖自幼儿园至大学的各级各类学校。

中国鼓励个人办学

中国普及九年义务教育

1985年，中共中央在《关于教育体制改革的决定》中提出，要把普及九年义务教育作为"四个现代化"建设的一项根本大业。

1986年，第六届全国人民代表大会第四次会议通过《中华人民共和国义务教育法》，自同年7月1日起施行。

《中华人民共和国义务教育法》颁布

《中华人民共和国教师法》颁布

1993年，中国教育史上第一部关于教师的单行法律《中华人民共和国教师法》颁布。

我能做教师吗

世界教师日确立

1994年，为了纪念1966年国际劳工组织（ILO）和联合国教科文组织（UNESCO）联合发布的《关于教师地位的建议书》，两组织共同决定将每年的10月5日定为"世界教师日"。

1995年，第八届全国人民代表大会第三次会议通过《中华人民共和国教育法》，自同年9月1日起施行。

《中华人民共和国教育法》颁布

中国实行师范生免费教育政策

2007年，国务院决定，从秋季入学的新生起，在北京师范大学、华东师范大学、东北师范大学、华中师范大学、陕西师范大学和西南大学等六所部属师范大学实行师范生免费教育政策。

2016年，"中国学生发展核心素养"研究成果发布。中国学生发展核心素养以培养"全面发展的人"为核心，分为文化基础、自主发展、社会参与三个方面，综合表现为人文底蕴、科学精神、学会学习、健康生活、责任担当、实践创新等六大素养。各素养之间相互联系、相互补充、相互促进，在不同情境中整体发挥作用。

中国学生发展核心素养确立

中国将"免费师范生"改称"公费师范生"

2018年，《教育部直属师范大学师范生公费教育实施办法》中，将"师范生免费教育政策"调整为"师范生公费教育政策"。

行业术语

教学大纲：教育部门以纲要的形式对每个学科的教学目标、教学内容、教学要求、作业等做出规定的文件。教学大纲是教师在进行教学时的主要依据，也是评定教师教学质量的重要标准。

教学设计：教师为了提高教学质量，以课程标准为基础，根据学生的特点，对教学过程所做的科学计划和安排，包括教学目标、教学重难点、教学方法、教学步骤、时间安排等。

课件：教师根据教学大纲的要求和教育对象的特点，制作出的多媒体文件。它与课程内容有着直接联系，能够帮助学生更好地理解本节课要学习的知识。

备课：教师在上课之前的所有准备活动，主要包括三个方面——备课标、备教材、备学生。充分备课是教师上好课的重要环节。

听课：一位教师到其他教师的课堂上进行学习研究的过程。听课是教师广泛吸取同行的优秀经验、提升自我的重要途径。

评课：听课活动后，由听课的人对教师课堂教学进行评议的一种活动，有利于提高教师的专业水平。

说课：教师在备课的基础上，向听者口头表达自己的教学设想、课堂环节设计等内容。教师要在说课过程中讲清楚"在这节课上到底要教什么，为什么要这么教"等，然后由听者进行评点，达到同行间相互交流、提升教学水平的目的。

教学研究组：通常简称为"教研组"，是由相同学科的教师组成的互助组织，目的是让教师们互相交流教学过程中的经验，帮助大家解决教学中发现的问题。

统考：由教育部门组织的统一出题、统一批卷的考试，一般在中考、高考这样的大考中比较常用。

考试目标：一场考试所要达到的预期结果。考试目标不同，这场考试的试题命制、评分机制也不同。

考试设计：为了成功举行一场考试所进行的所有准备性工作，包括制定考试大纲、编写考试说明、制定评分标准等。

推荐资料

· 〔苏〕苏霍姆林斯基:《给教师的建议》, 杜殿坤编译, 教育科学出版社 1984 年版。

推荐理由:无论是新教师还是老教师, 都应该时时翻阅, 你总能从中找到教育难题的解决办法。他的真知灼见即使跨越半个世纪, 依然发人深省。

· 〔法〕卢梭:《爱弥儿》, 李平沤译, 商务印书馆 1978 年版。

推荐理由:卢梭认为, 教育的目的在于使人成为自然人, 这个观点会给老师带来很多启发。而且这是一本教育小说, 很容易就能读完。

· 〔美〕泰勒:《课程与教学的基本原理》, 罗康、张阅译, 中国轻工业出版社 2008 年版。

推荐理由:泰勒曾经提出了教育的四个基本问题, 包括学校应该达到哪些教育目标、提供哪些教育经验才能实现这些目标、怎样才能有效地组织这些教育经验、怎样才能确定这些目标真正得到实现。多年来，各个国家的教育者如果没有对泰勒提出的四个基本问题有全面清晰的认识，就不可能对课程问题有深入的了解。

·〔日〕黑柳彻子：《窗边的小豆豆》，赵玉皎译，南海出版公司2003年版。

推荐理由：读这本书会让你觉得，做老师真是一件幸福的事。

·〔日〕佐藤学：《静悄悄的革命》，李季湄译，长春出版社2003年版。

推荐理由：佐藤学是日本乃至整个世界著名的教育家。这本书以一些具体案例阐述了佐藤学对学校改革的基本看法，简单易读。

·〔美〕约翰·杜威：《民主主义与教育》，王承绪译，人民教育出版社2001年版。

推荐理由：杜威认为，教育不应该脱离实际、脱离社会、脱离孩子。他强调学校要与社会发展同步，教育要与孩子的身心发展规律密切配合。在今天，这样的观点依然会给老师带来很大启发。

·李希贵:《为了自由呼吸的教育》,教育科学出版社 2017年版。

推荐理由:李希贵的教育思想远超同时代的人。在这本书里,你可以看到真正的教育是什么样子,它让人有一种相见恨晚的感觉。

·〔美〕格兰特·威金斯、〔美〕杰伊·麦克泰格:《追求理解的教学设计》(第二版),寒冰、宋雪莲、赖平译,华东师范大学出版社 2017年版。

推荐理由:在倡导深度学习、从教走向学的背景下,本书提供了切实可行的操作方式。

后记

这不是一套传统意义上的图书，而是一次尝试联合读者、行业高手、审读团一起共创的出版实验。在这套书的策划出版过程中，我们得到了来自四面八方的支持和帮助，在此特别感谢。

感谢接受"前途丛书"前期调研的读者朋友：程海洋、戴愫、戴月、段淇瑞、范荣洲、黄智云、黄作敏、蒋建峰、康东亮、李佩英、罗玲、聂静、王海琳、王慧燃、王志方、邬清华、向绍雨、余昕桠、张娟、张鑫、赵晓萌、曾征、朱老师等。谢谢你们对"前途丛书"的建议，让我们能研发出更满足读者需求的产品。

感谢接受《我能做教师吗》前期调研的朋友：陈璇、SMTING、范思怡、南大黄、涛声依旧等。谢谢你们坦诚说出自己做教师前后的困惑和期待，在你们的帮助下，我们对这一职业的痛点有了更深入的了解。

感谢"前途丛书"的审读人：Tian、安夜、柏子仁、陈大锋、陈嘉旭、陈硕、程海洋、程钰舒、咚咚锵、樊强、郭卜兑、郭东奇、韩杨、何祥庆、侯颖、黄茂库、江彪、旷淇元、冷雪峰、李东衡、连瑞龙、刘昆、慕容喆、乔奇、石云升、宋耀杰、田礼君、汪清、徐杨、徐子陵、严童鞋、严雨、杨健、杨连培、尹博、于婷婷、于哲、张仕杰、郑善魁、朱哲明等。由于审读人多达上千位，篇幅所限，不能一一列举，在此致以最诚挚的谢意。谢谢你们认真审读和用心反馈，帮助我们完善了书里的点滴细节，让这套书以更好的姿态展现给广大读者。

感谢得到公司的同事：罗振宇、脱不花、宣明栋、罗小洁、张忱、陆晶靖、冯启娜。谢谢你们在关键时刻提供方向性指引。

感谢接受本书采访的四位行业高手：闫存林、华应龙、叶德元、罗滨。谢谢你们抽出宝贵的时间真诚分享，把自己多年来积累的经验倾囊相授，为这个行业未来的年轻人提供帮助。

最后感谢你，一直读到了这里。

有的人只是做着一份工作，有的人却找到了一生所爱的事业。祝愿读过这套书的你，能成为那个找到事业的人。

这套书是一个不断生长的知识工程，如果你有关于这套书的问题，或者你有其他希望了解的职业，欢迎你提出宝贵建议。欢迎通过邮箱（contribution@luojilab.com）与我们联系。

"前途丛书"编著团队

图书在版编目（CIP）数据

我能做教师吗／吕志超编著；闫存林等口述 .—— 北京：新星出版社，2023.4
ISBN 978-7-5133-4946-8

Ⅰ.①我… Ⅱ.①吕… ②闫… Ⅲ.①师资培养－通俗读物 Ⅳ.① G451.2-49

中国版本图书馆 CIP 数据核字 (2022) 第 085698 号

我能做教师吗

吕志超　编著
闫存林　华应龙　叶德元　罗　滨　口述

责任编辑：白华召
总　策　划：白丽丽
策划编辑：师丽媛　翁慕涵
营销编辑：陈宵晗　chenxiaohan@luojilab.com
装帧设计：李一航
责任印制：李珊珊

出版发行：新星出版社
出 版 人：马汝军
社　　址：北京市西城区车公庄大街丙3号楼　100044
网　　址：www.newstarpress.com
电　　话：010-88310888
传　　真：010-65270449
法律顾问：北京市岳成律师事务所

读者服务：400-0526000　service@luojilab.com
邮购地址：北京市朝阳区温特莱中心A座5层　100025

印	刷：北京盛通印刷股份有限公司
开	本：787mm×1092mm　1/32
印	张：9
字	数：163千字
版	次：2023年4月第一版　2023年4月第一次印刷
书	号：ISBN 978-7-5133-4946-8
定	价：49.00元

版权专有，侵权必究；如有质量问题，请与印刷厂联系更换。